"一带一路"经济学

梁海明◎著

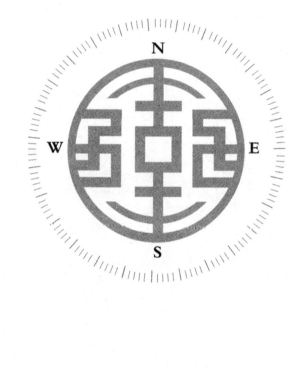

西南财经大学出版社
Southwestern University of Finance & Economics Press

序一

赵磊

梁海明是"一带一路百人论坛"首批专家委员会委员。首先要热烈祝贺梁海明委员的新书《"一带一路"经济学》由西南财经大学出版社出版，相信这是一部非常值得认真研读的专著。

作为经济学科班出身的学者，梁海明主要从经济、商业和金融的视角探讨"一带一路"中的经济现象，并尝试通过传媒、文化和经济相结合的交叉学科的方式，来分析"一带一路"，务求提供给读者更多的知识和工具，去深入了解"一带一路"，通过"一带一路"去发掘各种机遇，实现中国的跨越式发展以及中国与国际社会的良性互动。

本书主要包括四部分的内容。第一部分是文化传播篇，主要是以跨文化传播结合经济的角度，来探讨在"一带一路"背景之下如何推动中国的传统文化、美食文化和文化产业"走出去"。当中，除了提出"一带一路"需要文化包容之外，还率先提出"一带一路"传播中需要更多使用金融语言、经济语言，并建议通过美食文化来传播"一带一路"，达到"民心相通"的目的，从而促进相关产业的发展。我非常同意海明的观点："一带一路"需要文化包容。由于"一带一路"沿线国家上有四种文明、上百种语言并存，巨大文化差异下往往容易产生误解和摩擦。为此，中国国民首先应避免表现出文化、经济上的优越感。其次，中国国民要有胸怀天下的使命感，才能真正获得"一带一路"沿线国家的有效支持与真心合作。最后，国人要以身作则，发挥"规范性力量"（Normative Power），传播中国的道德规范和价值准则，以此进一步赢取沿线国家的认同、信任和尊重。在我看来，"一带一路"是文化经济学的典型案例，即只有同时实现经济收益与文化收益的，才是中国想要的、能够赢得国际社会尊重的"一带一路"产品。换句话说，"一带一路"之所以受欢迎，不仅因为它是一个给各方带来实惠的经济事件，更因为它能够成为一个引起共鸣的文化事件。

本书的第二部分是"企业走出去篇"，以商业的切入点、港澳台企业过去"走出去"的经验，来分析"一带一路"背景下中国内地企业未来"走出去"的机遇、调整以及或将遇到的风险。我同海明有一个共识，即"一带一路"需要更多的轻资产项目。古代丝路上中国对外输出的产品很"轻"，主要是丝绸、茶叶和瓷器等，如今在中国政府的"一带一路"倡议下，率先走出去的产业却都很"重"，如高铁、核电、航天科技和港口等。从全球跨国企业的历史经验来看，这类"重"的项目要取得突破乃至落地生根，殊为不易，往往是投资大、周期长、风险大，且除了商业风险外，还会附带很多不必要的政治风险和人员风险。这对于中国目前大多数较为年轻和海外经验不足的企业来说，它们可谓较难承受之"重"。轻资产项目就是要在读心、暖心、攻心上下功夫，要打造能够赢得人心的精品，在品质与品牌上做文章。

第三部分则是地方政府篇，主要是结合"一带一路"机遇，给地方政府提出一些可行性比较高、能够落地的建议。"一带一路"倡议的有效推进既要靠企业，也要靠地方政府，两者之间如鸟之两翼、车之双轮，是落实"一带一路"的关键力量。对中国城市和企业而言，"一带一路"的建立与发展是实现它们跨越式发展的难得机遇。目前，"一带一路"方案重点圈定了18个省（市、自治区），包括新疆、陕西、甘肃、宁夏、青海、内蒙古西北6省区，黑龙江、吉林、辽宁东北3省，广西、云南、西藏西南3省区，上海、福建、广东、浙江、海南沿海5省市，内陆地区则是北京和重庆。实际上，上榜的城市不意味着有特殊待遇，而没上榜的城市也不意味着被"冷落"，关键是"有为才有位"。丝路城市的成功与否不单纯看经济增长指数的高低，更重要的是看文化建设在社会发展中的含金量。经济与文化的联姻，是全球化时代的突出特征，也是"一带一路"丝路城市内涵的应有之义，文化是行走的经济，记得住乡愁的丝路城市才是真正有魅力的。此外，要考虑中国国内各省区之间的资源整合，要防止相关省市出现"一窝蜂上，又一窝蜂撤"的窘境。

本书的最后一部分则是国际篇，主要讲述国际上主要国家对"一带一路"的态度，并分析了当中的原因。我多次参加了有关"一带一路"国际会议，总体感觉国际社会高度关注这一议题，但观点多元甚至杂乱。总体来说，沿线国家对丝绸之路的态度可以概括为以下几种情况：①中亚五国对丝绸之路经济带多持怀疑态度，大多表示仍愿意看到俄罗斯在该地区发挥关键性作用。②俄罗斯欲拒还迎，仍然渴望成为主导力量。中亚是俄罗斯的"后院"，中国在中亚的活动引起了俄罗斯的担忧。③丝路沿线国家渴望推动"一带一路"的发展，希望在丝路倡议的带动下实现本国和本地区的经济发展和社会稳定。④基于旁观立场的美国，愿意从中分享利益而非进行对抗性的争夺。

"一带一路"倡议提出至今已经两年了，但依然面临诸多问题，如基本内涵不够明确，以及沿线地区政治安全不稳定、经济差异极大、文明上的冲突、各国具体机制的差异、丝绸之路主导权之争，等等。

对此，我认为，"一带一路"的对外话语体系应该更为清晰。总体感觉，中国专家在谈论相关问题时喜欢务虚，只谈互利共赢，不谈中国的具体利益诉求，让深受现实主义影响的外国人难以理解。在丝绸之路建设中，中国应该尝试自信地展示中国的利益诉求和困惑。本质而言，"一带一路"应该是一条务实合作的经济走廊，要让中亚和中东的资源，欧洲和东北亚的技术以及中国东部地区的资金在中国西部融合，使该地区成为中国新的经济增长点。最后，应扩大中国在沿线地区的文化影响力，使民心相通，其核心是语言相通、文化相通，中国应大力加强在沿线地区的文化传播，多交朋友，交知心朋友，让他们成为合作与交流的使者。

本书文字严谨但文风轻快，很多内容都是"硬货"，几乎每一部分都有内参上报相关部门。海明是典型的"一带一路人"，即老在路上，总倒时差，常换水土，不停找思路，时时被刺痛，但频频被感动。"一带一路"需要打造智慧共同体，在聚智的基础上聚焦，让"一带一路"真正落地，利国利民。

希望有读者在读书之后真正上路。

（赵磊，中央党校国际战略研究所教授、国际关系与台港澳研究室
主任、"一带一路百人论坛"发起人）

序二

范以锦

刚拿到《"一带一路"经济学》书稿，亲切感油然而生。此书的作者梁海明先生是暨南大学经济学院经济学专业毕业的，而经济学院是从经济系发展起来的，我曾在经济系就读政治经济学专业。因此，我与梁海明属名副其实的校友、学友。自从国家高层提出"一带一路"构想后，作为传媒学者，我很关注这一构想的传播。正因为这两方面原因，当梁海明将书稿交到我手上时我很快就浏览了一遍，并认定为其作序极有价值。

对"一带一路"的构想，所涉及的国家尤其是中国周边的国家非常关注，作为发起国家的中国人更想看到有比较专业的解释。目前，各类机构的专家、学者正围绕这一构想进行多方研究，众多企业也跃跃欲试，期盼在"一带一路"方面有所作为。当务之急，需要有人站在宏观的高度和微观实操的角度来分析这一构想。目前，解读"一带一路"构想的参考材料和书籍已陆续出现，各类文章更多。无论书籍还是文章，大多从国际关系、外交和区域安全等领域来解读"一带一路"，当然也有不少涉及经济方面的，但见解大多比较浅显。梁海明《"一带一路"经济学》一书，就书名来看就与众不同。的确，"一带一路"饱含着经济学的视觉，需要在这方面下功夫去研究。

梁海明的这本书的一个重要特点就是，从经济、商业和金融的视觉出发，来探讨"一带一路"中的经济现象。虽有浓厚的经济学色彩，但并非用深奥的经济理论去分析，而是用比较通俗易懂的语言去表达经济观点。在谈经济时不是就经济说经济，而是重视经济与传媒、文化的结合，运用交叉学科的方式来分析"一带一路"。这应该是国内首部以"经济+文化"的角度来阐述"一带一路"的著作。

梁海明之所以能写出这样的较新视觉的书，与其知识结构和长期业务实践的积累有很大关系。他就读过经济学专业使其有较好的经济学基础，同时其持续学习能力很强，长期以来围绕现实的经济现象有针对性地读了不少书，阐述经济理论和现实的经济现象的功底厚实。从实践来看，他先后在媒体、金融方面的操盘等岗位工作过，对新事物比较敏锐，运用交叉学科的知识谈"一带一路"比较到位。

本书最重要的观点是：在"一带一路"的合作议题上，如果国人表现短视，言必谈中国自身的经济利益，言必争中国所能获取的经济利益，而对他国的利益、他国的关切冷漠置之或者没有实际贡献，久而久之，沿线国家与中国的合作就会逐渐丧失信心，"一带一路"这个"合唱团"，难免会沦为中国的"独角戏"。而且，"一带一路"的理念和定位，不但是探索国与国经济合作的新模式，也是探索全球治理、塑造另一国际秩序的新模式。因此，中国国民更应有心怀天下、同舟共济的胸襟，在寻求国家经济利益的同时，兼顾沿线国家共同利益；以"是中国人，也是地球人"的气度和文化包容，参与更多全球性的议题，并为此做出应有的、力所能及的贡献。国人更应照顾和重视各国合理的、正当的、实际的需求和经济利益，只有如此才能"达则兼济天下"，最终和各国实现共赢，也为中国未来成为国际社会的领导者拿到一张令别国心悦诚服的"入门票"。

　　此书中有些观点曾在一些会议上或在某些文章中进行过阐述，当中有的观点曾获得有关方面的重视。这本书在原有的基础上进行扩充并进行系统的理论梳理，这对有关部门做决策有较高的参考价值。而对许多想在"一带一路"的构想中大展身手的企业而言，书中以商业的角度和通过传递港澳台企业过去"走出去"的经验，去分析"一带一路"下中国内地企业未来"走出去"的机遇以及或将遇到的风险，无疑有借鉴和警示作用。对关注"一带一路"构想的普通民众而言，本书没有太多学术性的专业名词，而是以轻松的、通俗的文字进行表达，易读易懂。

读懂这本书，让社会各界更好了解"一带一路"的意义并凝聚力量往预定目标走去，这应是作者的本意。如能引发更多的研究者、实践者参与进来，以创新的思维去解读"一带一路"，让众多的人共同为实现这一构想营造良好的氛围，推动中国实力的提升，这将会功德无量。

（范以锦，暨南大学新闻与传播学院院长、教授、博士生导师）

序三

陈平

海明准备出新书，他问我能不能写序。我不敢贸然应答，因为我不懂经济学，对于财经方面的知识几乎为零，而他是财经专家，在英国《金融时报》中文网、新浪网、新华网、中央电视台等媒体开专栏、写评论、做嘉宾，是个名人。他说你不要有压力，随便写。

在"一带一路百人论坛"的群里，海明是很突出、很活跃的。无论什么样的人抛出什么样的话题，只要他参与，都能应对自如，对答如流，思维敏捷，灵感纵横，反应神速。无论是经济、政局、文化、民生、教育，还是美食话题，他都能参与并发表见解，嘻笑怒骂，张弛有度，一个话题有他参与，往往会变得生动起来。他性格率真，真诚直接，语言犀利，有时候会把对话的人逼到无言以对，但又不失幽默。

每每群中有人汇报个人动向与活动的时候，他似乎最忙碌，飞来飞去，天南海北，参加各种论坛，出席各种活动，接受各种采访。而他也非常敬业，遇到媒体采访，都会认认真真介绍一下我们的"一带一路百人论坛"的情况，不忘记推广和宣传。

我在德国的时候，会与国内有六七个小时的时差，但什么时候上微信，似乎都能找到海明的影子，感觉他真是精力旺盛，一边写着稿子，一边与人聊天，他的写作速度跟大脑的运转速度很合拍，说到之处也就写了下来。我们刚刚聊完在"一带一路"上，如何把中国美食带出去，推广开来，他的文章第二天就出来了。速度之快，令人惊讶。

海明爱好美食，而且会动手制作美食，虽然我没有品尝过，单看他发来的图片，就能闻到香味。他不仅好吃爱做，还会讲出头尾缘由来。于是，海明与我，还有同样爱好美食、同样是青年才俊、思想睿智的一些朋友想到了"一带一路"上，中国美食应该作为中国的文化输出去，用美食凝聚人心，用美味打动人心。海明写出了设立"孔子食府"的文章后，一时间，媒体纷纷转载，读者议论热烈，进而推动了大家的设想：尽快编撰一本《美食文化外交》。我们几人天南海北，整日在各地各国飞来飞去，最后大纲的撰写又落到了海明身上，不到一周，他又飞速地写了出来。

有人开玩笑说海明脑门大且光亮，里面装的都是智慧。其实我认为里面还有他的一种热情和进取心。他的本职工作虽是基金的管理者，但同时也以财经研究著称，成了半职业的经济专家，而且经常语出惊人，观点独树一帜，不得不承认他的聪明与天赋，在盘古智库里，他的意见也显得举足轻重。

海明做事情认真，追求完满。演讲的时候，看到台下的听众玩手机、打电话，心不在焉，他会很不满意，有时候会在台上表达出来，这点跟我很像。我们都不喜欢不懂得尊重别人的人，也不愿意被人轻视与冷落，因为我们都很真诚、认真，也很懂得尊重别人，所以会用同样的标准去衡量别人，有时候，难免会让人觉得我们有点矫情。其实，这只是一种过度追求完美的体现罢了。

海明是个懂得情义的人，对他好的人，他也抱以真情，礼尚往来，投桃报李。他也是个性情中人，看不上的人，一点也不入眼，干脆不搭理。不是他傲慢，而是他不想耽误自己的时间。所以，他的文章往往可以淋漓酣畅地表达，而不去修饰遮掩。这一点，对于文人学者而言，非常难得。

海明上一本著作的序，是由他的太太来撰写的。知夫者莫过于妻，他太太说，海明的每一篇稿子都是他在哄孩子睡觉之后才开始写的，这让人看到一个有责任感并且勤奋的父亲形象。对我而言，这一点尤其重要，一个六亲不认、缺乏亲情的人，即便学问再大，名气再大，又如何能为社会带来积极的影响呢？

这三年以来，海明一直奔波在各地，努力从"一带一路"、自贸区、粤港澳合作和跨文化传播的观察者、研究者提升到参与者、实践者和引领者，知行合一，亦有所建树。

我拉拉杂杂写了这些闲话，是为了弥补我对经济知识方面的不熟悉，不敢贸然评论。我说海明的另一面，是想告诉读者，这个社会需要的不仅仅是专业知识丰富埋头研究的学者与专家，其实更需要一些身体力行的社会活动家、实践者，来鼓舞与感染更多的参与者。海明是个有感染力的人，希望他在这条路上越走越远，以才华服务于社会，以智慧服务于民族，以睿智帮助于国家。这话虽然有些空洞，但若真能如此，海明必将成大气！

是为序！

（陈平，国际民间艺术组织IOV全球副主席、中国区主席，国际古迹遗址理事会ICOMOS专家，贵州大学国际民间艺术研究院院长，上海大学美术学院客座教授、博士生导师）

序四

彭琳

从2013年到2014年，不记得是什么机缘，我的先生海明将他研究的重心从美国QE（量化宽松）和西方各国的经济困局上，转移到了"一带一路"。长期关注环球经济和国际关系的他，一开始就十分确信中国设下这一盘空前庞大又玄妙复杂的政经棋局，必将深刻影响全国乃至全球未来十数年。

海明对"一带一路"的研究可以说始于香港，2014年他已经展开了对香港学界和商界的考察、调研工作。

然而其时，香港几乎没人关注中央这个"小想法"，连一向灵敏的商界也没有什么兴趣。整个城市的精力既聚焦又分裂，空前亢奋也空前沮丧：许多人正热切地期望着金融市场"互联互通"的突破，将香港的经济命脉和前途更深地接入国家的轨道。还有许多人则宁愿拼上自己的前途和命运，也要阻止香港与内地融合与接轨。

在那剑拔弩张的两年中，香港又一次陷入迷茫，没有方向。当然，反正香港常常都是这样，停在原地，没有方向，见怪不怪，多年来我已经不太对此再有什么感慨了。曾在街头上壮怀激烈的人已经静悄悄回到了日常生活，似乎那种激烈从来没有发生过。可是热切期盼的人们却也说不上美梦成真，掌管着这个城市心情的股市，仅仅是稍微给了大家几天幻想时间，很快就随着内地空前暴烈的股灾一溃千里。

到了2015年的下半年，香港各界才终于大梦初醒，发现"一带一路"是巨大的商机，而各省各地都已经找好了定位，写好了计划，在最终发布的"一带一路"愿景与行动纲要中，香港只剩下一个"助力"的角色。

香港开始不断在各种活动上反复强调自身的金融、法律和国际化优势，最适合担任内地和国外Super Connector（超级联系人）角色，向中央要政策，要位置——尽管政商界大多不知道"一带一路"和"一路一带"有什么区别，特区政府多数高层连"一带一路"是哪个部委负责都没有概念，媒体和大众则从来都数不清"一带一路"沿线有多少国家。

亚投行成立了，不少人马上质问亚投行的总部为什么不设在香港？实在是让人哭笑不得。海明也在香港的多次公开活动和英国《金融时报》等媒体的撰文中，反复指出，在"一带一路"构思和亚投行筹备的过程中，香港都置身事外，这会儿一切按部就班尘埃落定了，却跳出来要求别人将主角的位置奉上，是什么逻辑呢？

让人难过的是，这似乎就是香港与内地错位的逻辑。变化的结点在2003年SARS（非典），中央开放"自由行"赴港的输血动作，香港经济发展的主题从此变成"北望神州"，从自由行到CEPA，中央给政策，香港提条件，踢一踢动一动。经济上依赖的同时，在精神上对融合的抗拒，敏感地维护自身的位置，渐渐又成为了香港另一个越来越鲜明的主题。一年又一年下来，如此一对矛盾的铰合，潜移默化成了这个城市冲突的内核。

并没有错，对于中国任何海外贸易、投资的计划，作为全球最知名自由港和金融中心之一的香港都有得天独厚的条件。海明对多个"一带一路"重点国家的考察中还发现，香港作为地位独特的国内城市，在与其他国家的信息交流、文化沟通、理念传播上的有利地位，其实更胜于其金融、贸易的旧有优势。也正是立足香港，着重国际视角而展开的研究工作，令海明写出了本书中多篇引起中央领导人关注、批示的深度分析。

在过去的两年中，海明为了阐明"一带一路"经济学的深刻内涵，不断在各个城市、各个国度间奔走，留在香港的时间并不多。但这个城市对他的刺激、启发与琢磨依然是成就这本著作的关键之一，尤其是长年在内地与香港的生活经历，让他深深了解任何理念、合作在跨地区条件下，总会产生绝不在计划之内的化学反应。

任何不同地区的交往，不同文化的接触，都绝不是一厢情愿、一劳永逸的美好愿景。本书中的多篇文章都在反复地警示在"愿景"之下，往往步步惊心，暗藏危机。

如海明所写，美国和欧洲对"一带一路"的迥异反应，俄罗斯和印度对"一带一路"的各怀心事，发展中国家对"一带一路"欢迎中深藏的误解，将会与"一带一路"的推进长期并存。中国企业"走出去"却"走不进去"的困局，"一带一路"刚刚提出便遭遇的种种曲解，也都如同内地与香港在交融之中出现的各种难题，始料未及却又是必然之事，都是经济学之中而又超出经济学之上的课题。

一切语言都是重复，一切交往都是初逢。我想，换个角度来看，香港自身的经济迷茫与文化冲突，也许并非全无价值，反而是一个最好的借鉴，甚至可以成为中国未来解决各种文化和理念冲突、更好推动"一带一路"的一把钥匙。香港如果愿意，抛开对自身条件的自负，忘掉眼前的经济利益，真正投身到"一带一路"的筹划和助力中国"走出去"之中，或许也能找到突破自身困局和迷雾的一缕星光。

（彭琳，新浪财经香港站站长）

前言

　　作为一个典型的"一带一路人"，我和不少"一带一路"的研究者一样，老在路上，总倒时差，常换水土，不停找思路，时时被刺痛，但频频被感动。这本书的大部分文字，是在飞机上、在深夜里写成的，过程虽不易且颇为艰辛，但能在书中与读者们分享我这一年多以来对"一带一路"的思考、研究和建议，再累也是值得的。

　　这篇自序很久以前就已经写好了。不过，自从看了我的师长范以锦院长，我的兄长赵磊教授、陈平主席，我的太太彭琳女士为本书写的推荐序之后，我决定弃用我此前已完成的自序，那是因为，他们已经把我想说的话，都说了。

　　在范以锦院长的序里，把本书最重要的观点说出来了。赵磊教授的序内，则将本书最与众不同的特色（经济+文化）告诉了读者。在陈平主席的序中，详细地介绍了我外在的形象。彭琳女士的序，则是从内在着重讲述我研究"一带一路"的历程。

在这里要再次感谢范以锦院长、赵磊教授、陈平主席和彭琳女士，你们的序非常精彩，为本书增色不少。

本书得以顺利出版，首先要十分感谢亨通堂创办人陆新之先生和西南财经大学出版社，这是我们第二次合作出版书籍。

其次，要非常感谢"一带一路百人论坛"发起人赵磊教授，以及论坛各位委员们给我的启发和鼓励。同时，对盘古智库理事长易鹏，及智库各同仁们、各伙伴们给予我的支持和帮助，我充满感激，在这里要一一表达我深深的谢意。

当然，我最需要感谢的，那就是梁太太彭琳女士。彭女士对不少领域的研究并不亚于我，但为了成就我的事业，甘于成为我背后的女人。她的付出和牺牲，我难以用言语来表达谢意。

最后，希望读者们喜欢本书，并能通过本书获益，我对本书的所有缺失、错误及不恰当评论负上全责。读者如对本书有任何疑问，可发邮件至archie0706@hotmail.com与我联系。谢谢！

目　录

一

文化传播篇

"一带一路"需要文化包容

当今"一带一路"沿线国家，其中不少国家在科技、文化和经济等领域较中国落后，且部分还需要中国经济援助。对此中国国民、媒体须收起优越感，摒弃高高在上的心态，应以平等、友善、互助、合作的姿态与沿线各国民众交往、交流，对沿线国家抱持"文化包容"的态度，展现容忍、谅解的气度。这不但可对外展现中国的大国国民风范，更可为中国企业、国民"走出去"构建一个更加和睦共处的营商环境。

从推动"一带一路"倡议愿景与行动的文件发布后，有关该倡议的信息时时见诸中外媒体，成为世界各国热议的话题。毋庸置疑，该政策可助推中国与沿线国家加强经贸合作、促进人文交流，建立"命运共同体"，携手发展共进。

不过，我们也必须清醒看到，由于"一带一路"沿线国家有四种文明、上百种语言并存，文化巨大差异下往往容易产生误解和摩擦。近期已有不少国家公开质疑中国此举是"朝贡制度"的翻版，是建立新的霸权主义，甚至是"围堵"他国。

因此，中国的国民、企业"走出去"过程中，必须特别注意自己的举措和言论，以避免沿线国家对中国产生疑惑，否则容易为中国企业"走出去"增加障碍，影响"一带一路"的战略部署。对此，中国民众应该在以下三个方面，注重提升自身大国国民的风范，进一步向沿线国家释放善意、消除误解，展现中国人谋求和平发展的诚意，从而扩大中国与各国之间人文交流的深度、广度。

首先，中国国民应避免表现出文化、经济上的优越感。

其实，无论是国与国之间，还是一国内部，炫耀优越感大都有害无益。以美国为例，美国常以经济上的、文化上的优越感，从高高在上的角度对众多国家的制度、经济和文化等领域指手画脚，常遭他国民众的诟病、反感和抵制。

再以德国为例，当年柏林围墙倒下后，原西德大举经济援助东德，西德的民众、媒体因此产生强烈的优越感，不但以"恩主"的心态与原东德民众交往，更对前往柏林旅游的原东德游客，打出"柏林不爱你"标语及出言侮辱甚至是投掷物品攻击游客，当时引发了不小的风波，不少东德民众至今心灵伤痕仍未抚平。

随着中国国力的大幅提升，部分国人信心也开始膨胀，对于前往港澳地区旅游、购物这种互利互惠的举措，他们也出现了"恩主"心态。这不仅引发茶杯里的风波，在遭到国际媒体大幅渲染后，对国人形象更是有所损害。

当今"一带一路"沿线国家，其中不少国家在科技、文化和经济等领域较中国落后，且部分还需要中国经济援助。对此中国国民、媒体须以美国、德国等的教训为鉴，收起优越感，摒弃高高在上的心态，应以平等的、友善的、互助的、合作的姿态与沿线各国民众交往、交流，以及对沿线国家抱持"文化包容"（Cultural Tolerance），展现容忍、谅解的气度。这不但可对外展现中国的大国国民风范，更可为中国企业、国民"走出去"，构建一个更加和睦共处的营商环境。

其次，中国国民要有胸怀天下的使命感，才能真正获得"一带一路"沿线国家的真正支持与合作。

不少国人认为，作为"一带一路"倡议的发起国，中国理应通过这一倡议获取他国资源、能源，为中国的利益服务。这种想法和做法，曾经的世界第一大国西班牙、英国都曾有之，美国现亦有之。如果中国的国民继续模仿之，不但不能扬长避短，走出一条有别于西方霸主的和平发展、携手共进之路，也会令原本对中国有期望、渴求改变当前国际秩序的国家失望，更容易令沿线国家对该战略的动机产生怀疑。

在"一带一路"的合作议题上，如果国人表现短视，言必谈中国自身的利益，言必争中国所能获取的利益，而对他国的利益、他国的关切冷漠置之或者没有实际贡献，久而久之，沿线国家会视中国这种举措为狭隘、自私的，它们未来与中国的合作也会逐渐丧失耐心、信心，"一带一路"这个"合唱团"，不免会沦为中国的独角戏。

"一带一路"的理念和定位，不但是探索国与国合作的新模式，也是探索全球治理、塑造另一国际秩序的新模式。因此，中国国民更须有心怀天下、同舟共济的胸襟，在寻求国家利益的同时，兼顾沿线国家共同利益，以"是中国人，也是地球人"的气度和包容，更多参与全球性的议题，并为此做出应有的、力所能及的贡献。国人更应照顾和重视各国合理的、正当的、实际的需求和利益，只有如此才能"达则兼济天下"，最终和各国实现共赢，也为中国未来成为国际社会的领导者拿到一张令别国心悦诚服的"入门票"。

最后，国人要以身作则，发挥"规范性力量"（Normative Power），传播中国的道德规范和价值准则，以此进一步赢取沿线国家的认同、信任和尊重。

英国、美国的崛起，分别以"自由贸易""民主人权"作为价值体现，中国的"一带一路"战略将会带给世界何种价值规范？不少国人认为，和平发展、互利共赢、开放包容、互学互鉴是中国带给世界和平与发展的核心价值观。

那么，该如何把中国的价值规范完整展现在世界各国民众面前？对此，欧盟的经验可资借鉴。

欧盟的核心价值规范可归纳为和平、自由、民主、法治和尊重人权。欧盟各成员国通过各自官方机构的对外活动，运用"五扩散"（无意识扩散、信息扩散、程序扩散、转移扩散和公开扩散）的方式，有意识地积极在国际舞台上推行自己的价值观和展示自己的规范力量，此举不但获得了世界范围内的广泛认同，令世界各国看到不同于美国的另一种价值取向，也为欧盟在国际事务中发挥更大的影响力奠定了基础。

因此，要向世界展现"一带一路"的价值规范，除了国人须进一步在人类和平与安全、国与国之间平等与团结、经贸上的自由与公平以及人类权益的捍卫等方面，展现出胸怀天下的雅量、气度和以身作则之外，中国的媒体、智库和大学研究机构，也应在对外交流、合作中，通过"五扩散"发挥"规范性力量"，以此推广该战略的核心价值观。

由于"一带一路"沿线国家民族不同、信仰不同、要求不同、经济发展阶段不同，中国要与沿线诸国互利互惠、共同发展和实现共赢，充满挑战，也藏有变量。作为这一倡议的发起国和主导国，中国及其国民应尽力展现大国国民的风范，构建和睦共处的营商环境，赢取沿线国家的认同、信任、支持与合作，助力该战略的成功实施。

"一带一路"下如何寻求文化共生

今天,互联网与大众社交媒体快速发展,令全球文化交流的范围、强度和速度达到前所未有的程度。在西方,源于拉丁文的"文化"一词,原意是耕作、培养、教育、发展与尊重,但在实际的文化交流中,却常常出现文化对抗、文化冲突。尤其一些西方国家凭借经济、科技、政治和军事等优势,以"西方文化中心论"的立场,习惯于贬损和牺牲其他非西方文化的价值观和传统。全球文化达到多元并存、多元共生的理想状态,殊为不易。

中国政府自2013年推出以互利互惠、合作共赢为主旨的"一带一路"倡议之后,便有少数西方国家抹黑这一倡议,污蔑中国此举是希望恢复朝贡体系,进行经济殖民。究其原因,一方面是出于政治目的、现实利益冲突的考虑,另一方面则源于文化冲突。追求"和而不同"是中国一贯的文化理念,这与西方的理念有很大不同。

中西方文化上的差异，可能成为西方国家理解"一带一路"的阻力。中国政府进一步推动"一带一路"建设，减少文化上的冲突，寻求文化共生，至少应在以下三个方面着力：

其一，不应只强调多元文化，文化共生更需要创新。如果一味疾呼文化的多元性，容易因自身私利、个人局限，让文化冲突加剧。我认为，在强调文化多元的同时，应该更加强调共生。因为只有各方有感于大家都是共生联结的共同体，才能以更宽容的态度，看待彼此的不同。

中华文化要与其他文化长期共生，需要有创新思维，澳门特区的经验就很值得借鉴。在澳门，不同种族、不同习俗、不同信仰和不同文化的民众，以其各自的方式，各美其美，美美共生，孕育了既不同于中华文明，又迥异于西方文明的多元、包容、和谐的"澳门文化"。在"一带一路"的建设过程中，不应将中华文化强加于其他文化之上，也不应刻意彰显中华文化的优胜之处，而是要以"双向车道"的平等、互利的态度，让中华文化与沿线国家的不同文化各美其美，共生共荣。要采用创新的思维，主动把中华文化与其他多元文化进行大融通，创造出互相促进、互惠互利、合作共赢的新文化。

其二，中华文化对外传播中应加强双向沟通。由于文化认同、文化共生，往往具有奇异的力量，可以打破地理的界限，甚至促使受众对境外的某种文化认同程度高于自身文化，这种效果过往在美国、日本和韩国的流行文化中已多次被证实。中华文化要得到"一带一路"沿线国家的认同，进而推动各方文化走向共生，我国媒体在海外宣传中，就要摒弃过去在国内惯常的单向"灌输式"传播模式，加强双向互动、双向沟通，以形成良性互动的合作格局。具体而言，我国可先与沿线国家有近似性的少数民族进行文化传播、交流，讲述更多软性的中国故事。同时，要激发沿线国家对"一带一路"未来的信心。我们在对外传播的同时，也应多向国内传播、借鉴其他国家的优秀文化，增加国民对这些国家的了解和兴趣。

其三，要进一步发挥政府、智库及文化产业界等机构相互结合的作用。具体而言，学术界、智库首先要对"一带一路"沿线国家的历史文化进行长期研究，有大量的知识储备。其次，政府及政策制定者要最大限度地运用这些知识，以此进一步促进、加深中国与沿线国家文化交流。中国文化产业界的任务，则是在前面的铺垫之下，加强与沿线国家在产业领域的合作和贸易。近些年，文化产业不但成为推动经济增长的重要力量，也成为国际贸易的重要组成部分。加强和"一带一路"沿线国家在文化产业领域的合作，不但比单纯的海外宣传更能推广中华文化，达到润物无声的效果，还能扩大双方文化产业的国家贸易额，通过加强双方在文化商品上的物质联系，以提升其中附加的文化价值观念的推广力度。

简而言之，"一带一路"倡议应建立在文化共生而非文化冲突的立场之上。在文化交流上进行创新、增强双向沟通及增进文化产业合作，才能为中国与沿线各国文化共生疏通渠道。进一步利用文化上的交融和共生，才能更好地在中国与沿线国家的经贸、金融和政策等方面的互联互通中担当桥梁角色，更好地推动"一带一路"的全面建设。

"一带一路"应轻装上阵

> 中国要借鉴欧洲、日、韩的经验,推"轻"项目走出去。可从推影视产业、美食文化产业率先走出去,再带动其他的"轻"项目共同走出去。

大家知道,所谓"一带一路"的概念,取自中国古代最著名的跨境商贸拓展——"丝绸之路"。然而,古代丝路上中国对外输出的产品很"轻",主要是丝绸、茶叶和陶瓷等,如今在中国政府的"一带一路"倡议下,率先走出去的产业却都很"重",如高铁、核电、航天科技和港口等。

从全球跨国企业的历史经验来看,这类"重"的项目要取得突破乃至落地生根,殊为不易。企业除了需要具备区位优势(Location Based Advantages),可以因所在的国家和区域发展迅速而茁壮成长之外,还必须具备成熟的全球网络,也就是体系优势(System Based Advantages)。这对于中国目前大多数较为年轻和海外经验不足的企业来说，它们可谓较难承受之"重"。

对中国更多期望在"一带一路"下寻找机遇的中小企业而言，这样的侧重更是"重"不可攀，有些企业甚至产生"一带一路"倡议与己无关的想法，对其渐失兴趣。

因此，中国政府在推动"重"项目走出去的同时，也应该多考虑"轻"项目，更积极推动诸如影视、美食文化、中医药、现代农业和日用品等相对比较"轻"的产业走出去。

由于这些"轻"项目负担不重，门槛较低，能吸引更多中小企的参与，而且相对船小好调头，企业要在海外取得成功，只要做好地理区隔（以文化与语言、国家与区域、城市与农村来区分）、人口区隔（以年龄、职业和教育程度等来区分）、心理区隔（以生活型态、价值观和宗教来区分）、行为区隔（以消费者的品牌忠诚度、产品使用率来区分）这四个区隔中的一个，或者两个，便能成功打开国际市场。

当今无论是欧洲的名牌服装、手表，还是日韩的电子产品，均是在做好了当中一至两个区隔，产品已遍销当地后，再在各国市场成功落地的。

中国要借鉴欧洲、日韩的经验，推"轻"项目走出去。可从推影视产业、美食文化产业率先走出去，再带动其他的"轻"项目共同走出去。国与国之间如果缺乏文化的连接和交融，即使是双边的交流曾在特定政治、安全或经济需求的驱动下取得发展，这种关系也十分脆弱，容易破裂。

"一带一路"倡议中，"民心相通"是其五大合作重点之一，更是建设"一带一路"的社会根基。影视产品、美食都可作为一种文化纽带，"轻轻地"把双边的关系更为紧密地连接在一起，达到"一带一路"倡议中提出的"民心相通"的目的。

例如在推动影视产业走出去方面，从早期的好莱坞电影到当代的日韩电视剧都是成功范例。所谓银幕无国界（Screens Without Frontiers），这些影视产品的高妙之处，很大一部分在于其生命周期极长，常常可以采取重新"打包整理"后的手段推向新的市场环境。例如好莱坞电影就在世界各地购买大量的制片厂，采用从美国移进的模式、形态，然后以当地的演员、当地的语言制作节目，大量制作美国"骨"而本地"皮"的节目，令所在国更易以接受美国文化、美国价值观。

这些成果的范例都有一个特点，就是"先抓人心，再卖产品"。好莱坞电影号称"在世界任何一角落卖出一尺美国电影片，就能同时卖出一美元的制造业产品"。爱看电影的朋友都知道，好莱坞电影中看到一景一幕几乎都可作商品广告，引人入胜的电影产品则往往能在潜移默化中让观众接受其中的商品，如"007"扮演者戴的手表、变形金刚的"原型"汽车。好莱坞更以"3K"（Look、Hook、Book）也就是让观众看了、上钩了、买了来形容其推广商品的效果。

另一个大有可为的方向是推动中国美食文化"走出去"。除了孔子学院之外，还应该有"中华食府"，在"一带一路"沿线国家广设有中国特色的高端餐厅，学习法国餐厅的做法，可让正宗中国餐馆授予认证，协助将中国源远流长的美食文化推广出去。

　　虽然中国政府将孔子思想作为一项文化输出和展现国家软实力的工程，但该工程实施至今，虽取得一定效果，但要进一步拉近中国民众与外国民众的距离及增加交流，目前阶段有很大的改善空间。

　　美食文化看似很"轻"，但通过这种"美食文化外交"，不但更能润物细无声，营造很大的后续效应，影响力不但可直接到达民间，获取各国民众的好感，还能带来更多的互访、旅游交流和商业等这些双边交流的"接触区"（Contact Zone）及"隐性接触区"（Invisible Contact Zone）的机会，促进双边的民心沟通、旅游和商业合作，可谓一举多得。

　　当然，这里也必须指出，要将影视产业、美食文化产业有效推向海外，除了需要企业自身找出更好的营销策略，以及产业间的交叉合作外，更需要政府、学界、媒体等多方面的合作推动。中国中央党校赵磊教授近期在"一带一路百人论坛"中就倡议了由"四大主体"（政府、专家、企业和媒体）共同推进这些文化产业项目，通过设立"一带一路智慧园区"，将四大主体的资源整合，并引进国内外创投基金投资与影视、美食相关的产业、产品，进一步活络两大产业在国内的发展经脉，推动这两大产业走向拓展全球之路，进一步以此拉动中国其他"轻"产业走向国际市场。

此外，"一带一路"在考虑产业方面"轻装上阵"的同时，也要更重视女性的力量。美国生物学家、未来学家韩德在著作《女人、权力与和平生物学》（Women, Power, and the Biology of Peace）中指出，"女人偏爱稳定的社会……女人必须在决策过程中扮演更吃重的角色"。我在"一带一路"的研究过程中，无论是接触的政府官员、专家学者，还是企业负责人，超过95%均以男性居多，充满阳刚之气，但女性的力量却能为"一带一路"的建设提供更广的角度、更多的视野。

尤其在"一带一路""轻装上阵"的这一面，影视文化、美食类产业与女性浪漫、感性的特质尤为吻合。女性工作者的宁静之力（Puissance of Tranquile）、柔弱之力（Power of Weakness）也更有利于与沿线国家的政府、专家学者和企业进一步加强交流、沟通。所以说，除了"轻重并举"，或许我们还要更讲究"男女搭配"，才能更好地在"一带一路"倡议下，帮助更多的中国产业"走出去"。

"一带一路"需要中华食府

> 在"一带一路"倡议背景之下，除了孔子学院，还应该有中华食府，以美食作为媒介，通过美食这种"人畜无害"且充满诱惑的宁静之力、柔弱之力，来增加中国与外国民众的沟通、了解和互信，达到"一带一路"倡议中提出的"民心相通"的目的。

除了现今遍布全球的孔子学院外，未来推进"一带一路"倡议更需要的或许是"中华食府"，这是笔者接受媒体采访时提出的一个建议。美食作为中国文化传播的重要载体，如果除了孔子学院之外还有中华食府，如果"一带一路"沿线国家的民众，喜欢乃至无法抗拒中国美食的诱惑，才是真正润物细无声的文化渗透，可以为"一带一路"倡议的顺利实施提供更大助力。

这一建议源于笔者一次到澳大利亚公干的启发。期间笔者获得当地友人热情的招待，临回国前准备在当地餐馆回请友人以表谢意，但友人则反建议说，久闻你厨艺不错，不知能否有幸让你烹调一顿正宗的中国菜作为晚餐。

盛情难却，笔者只好到唐人街买了食材，在外国友人的开放式厨房里用平底锅煮了西红柿炒蛋、葱爆羊肉、辣椒炒牛肉和蒜茸炒菜心几样家常菜。在餐桌上，盘上的食物很快就被一扫而空，我和友人推杯换盏之余，更借饮食的言语分享来交换两国文化的见解，双方除了增进了解之外，感情也拉近了不少。

笔者不清楚这种邀请到家下厨做饭的方式在澳大利亚是否流行，但在欧洲一些国家则是比较普遍的。例如在瑞典，该国人口有超过20%是外来移民或移民二代，瑞典人喜欢通过邀请外来移民到家一起下厨共进晚餐，分享双方的美食，让本地人接纳、欣赏外来文化，同时也帮助移民们更快融入瑞典社会。此类活动更被当地人形容为"晚餐外交"。

除了民间的"晚餐外交"之外，美食更成为各国政府外交的润滑剂。"餐桌上，看得到政治的精髓"，美国华盛顿大学就曾推出"美食外交"课程，通过烹饪角度更好地学习国际关系。美国前国务卿希拉里也深谙"美食外交"的重要性，不但在宴客时摈弃传统的法国名菜，而改用外国领导人的家乡菜来招待特殊要客，更成立美国首支"美国厨师军团"（American Chef Corps），团队中的80多名顶尖名厨协助美国政府推展外交。

这实在深刻体现了美食大国法国人的名言："敌人，并不存在，他们只是些还未与我们共进午餐的人。"

对中国来说，"一带一路"倡议提出的"五通"中，包括了"民心相通"。但无论是现阶段提出的以基础设施建设项目作为"一带一路"的主要抓手，还是过去在西方媒体投放的中国形象宣传片，以及孔子学院的推广活动，其传达出的关键信息（Key Message）是否真能促进中国与沿线国家的"民心相通"，令部分国家产生怀疑。

以孔子学院为例，我国在世界范围内推广孔子学院有两大意义：一是宣扬中华文化，增强中国软实力；二是宣扬和谐理念，建设和谐世界。中央政府将其作为一项文化输出和展现国家"软实力"（Soft Power）的工程，希望通过孔子学院传播中华文化以拉近中国民众与外国民众的距离及增加交流，目前看来其效果与预期尚有差距，其发展仍有待进一步观望。

而"美食外交"看似无关宏旨，却能无声润物，营造很大的后续效应，影响力不但可直接到达民间，获取各国民众的好感，还能带来更多的互访交流和商业机会。有外国的公共外交类学术期间更曾刊登研究报告，指出如果一个国家的饮食文化丰富多彩，那么外国民众更可能对这个国家有比较积极的印象。

因此，笔者建议，在"一带一路"倡议背景之下，除了孔子学院，还应该有中华食府，以美食作为媒介，通过美食这种"人畜无害"且充满诱惑的宁静之力（Puissance of Tranquile）、柔弱之力（Power of Weakness），来增加中国与外国民众的沟通、了解和互信，达到民心相通的目的。

当然，笔者也必须指出，要推动中华食府，推动中国美食作为产业"走出去"说易行难，以目前中国饮食在国际上的影响来看，或许至少要在以下三个方面做出改进。

其一，要改变中国美食目前的国际形象。

虽然国人自诩中国饮食风俗千差万别，饮食文化源远流长，在世界民族之林中实属罕见，但在大多数外国民众，尤其欧美民众的眼中，相比法国美食大餐、地中海饮食、土耳其传统美食、传统墨西哥饮食、日本和食等高端饮食，中餐相对比较低端、廉价，烹调油腻和食材血腥更是不少外国人对中餐的印象。

要改变中国饮食当前低端的国际形象，除了可采取"本地国际化""国际本地化"的美食"走出去"策略以提高形象之外，还可参考日本的"酷日本"（COOL JAPAN）计划模式，通过打造"一带一路"智慧园区的美食产业专属区，鼓励创投基金投资与美食文化相关的产业、产品，不但可活络美食产业在国内的发展筋脉，更能推动美食产业走向拓展国际之路。

其二，建立中餐认证标准。

法国有"米其林美食指南"，英国有"餐厅"美食杂志，以此建立美食世界的国际话语权，中国饮食界要建立一套与"米其林美食指南"相似的中国餐饮标准虽需时日，但中国餐饮界可考虑先舍难取易，仿照泰国政府的世界厨房中心（CTKW）推出的"泰精选"认证制度，在海外经营的中餐馆须符合一定标准，才能被认证为正宗的中餐馆。

对于此类获认证的中餐馆，中央政府有关部门可考虑在协调厨师人才培训、饮食原材料出口，以至低息贷款予业界人士到海外开设新餐馆等措施，予以扶持，待中国菜式征服世界各地的味蕾之后，再考虑进一步建立一套媲美"米其林美食指南"的中国餐饮标准。

其三，加强中餐的海外传播力度。

要将中国美食全面推向"一带一路"沿线国家，在海外传播领域需要加强"Show & Tell"（展示与叙述）的能力。

作为亚洲国家，日本和韩国在美食的"Show & Tell"海外传播方面做得非常出色，无论是日本的《蒲公英》《多谢款待》，还是韩国的《大长今》，此类以本国饮食作为主题的电影、电视剧，极大吸收、借鉴了西方文化以人为中心的表现手法，一方面以"Show"美食的传播方式，让各国观众在看荧幕景象的同时，感觉像是吃了一顿色香味声俱全的飨宴。另一方面则以"Tell"的传播方式，集中体现日韩两国各自浓郁的人文色彩，向海外观众展现了一个个勤劳、朴实无华、敬业爱家和充满智慧的日本人民、韩国人民的形象。日韩两国此类的海外传播，既推广了两国的美食，又对日韩两国文化的介绍和推广大有裨益，值得中国借鉴。

行文至此，笔者突闻友人——联合国教科文民间艺术组织（IOV）全球副主席陈平女士，正在努力推动中国大年夜的团圆饭申报列入联合国非物质文化遗产名录事宜，在此衷心祝愿申报成功，将中国的团圆饭作为中国美食的代表推向世界饮食舞台。

闻香下马，知味停车，笔者认为，在博大精深的中国文化体系中，美食一定算得上每个中国人最有信心和自豪感的部分之一。如果"一带一路"沿线国家的民众，也能喜爱中华美食，并且因此更有兴趣了解美食中所蕴含的东方美学、中华哲学与诸多相关的历史文化，那设想中的"中华食府"，就能够真正把中华文化推广开去，达到"民心相通"的目的应该并不是奢望。（陈喆先生、陈平女士对此文有贡献）

"一带一路"倡议海外传播应避免四大误区

经过中国自上而下的反复阐述以及具体项目的推进，中国"一带一路"倡议已经引起各国高度关注，在得到不少国际舆论中肯评价的同时，也引起部分"一带一路"沿线国家的警惕以及疑虑。在"一带一路"的海外传播中，要达到让各国增加了解、消融误解的目的，必须多从他人的角度考虑，避免自说自话，片面展示中国的意图，更要重视综合利用金融、文化等传播手段，才能最大化、最优化地实现传播效果。

2015年是中国"一带一路"倡议全面实施的元年，作为国家层面上的重大构想工程和长期规划之一，"一带一路"构想在今后未来十数年乃至数十年，都将会对国家、国际的经济、社会等领域产生深远影响。

经过从领导人到各界与媒体的反复阐释，以及具体项目已经开始推进，"一带一路"倡议已经引起各国民众以及国际舆论的高度关注。在西方媒体中，路透社、法新社、美国《华尔街日报》、日本《外交学者》等均发表了多篇报道评论，在东南亚地区如《印度时报》、新加坡《海峡时报》、菲律宾新闻社等也纷纷进行跟踪报道，这些报道既讨论了"一带一路"对中国巩固国际地位的意义，也中肯地体现了这一构想对沿线国家经济发展的益处。

然而，受到文化冲突、现实的利益冲突等因素影响，国际舆论在看待"一带一路"倡议中也做出了不少负面评价，甚至存在抹黑的情况。比如有部分人认为"一带一路"是"中国版马歇尔计划"或是针对美国"跨太平洋伙伴关系协议"（TPP）的挑战。有俄罗斯、日本等学者担忧"一带一路"将挑战现有区域乃至全球经济体制，排挤其他国家的利益，部分东南亚发展中国家则担忧"经济控制"或是中国意图掠夺当地资源等。

"一带一路"倡议在海外传播中要让各国准确了解其内涵、用意，感受到构想所带来的各项机遇和利好，并尽力消除各国对构想的误解，为"一带一路"顺利落实营造良好的舆论氛围；应当充分考虑跨境传播的特殊性，运用丰富的手段和工具，避免重蹈过去对外宣传工作中走过的误区。

其一，要避免单一聚焦政治，忽视金融、文化领域的传播手段。

"一带一路"不仅仅是中国政治领域的大事，更是经济和文化领域的一大步推进，然而当前在对外传播中，仍以新闻尤其偏政治方面的报道为主。事实上，"一带一路"想要得到沿线各国的最大程度认同，不但一定要避免过去"唯政治论"，过度展示意识形态和政治理想的态度，反而应当把传播的突破口放在金融、文化等领域。

当前随国际金融体系的逐步一体化，各国金融系统愈趋深层次联结，金融渐渐成为一种国际共同"语言"，各国民众对股市、外汇市场、债券市场、重金属价格等共同的体验，已产生了广泛"通感"，面对金融市场的表现，无论语言、风俗、民族、国籍都不是障碍。因此，在金融领域，用通用的金融"语言"来传播新时期的"一带一路"构想，将可大大增加构想对沿线各国民众和机构的吸引力。

具体而言，中国应当让沿线各国了解中国作为地区性的经济、金融大国，在区域经济稳定中的重要角色，在过去的亚洲金融危机以及美国次贷危机的影响下，中国在稳定亚洲经济波动中也承担了重大责任。在此基础上，中国可联合沿线国家搭建区域性的金融合作网络，并尝试将已在沪港通中实现的境内外市场互联互通拓展到"一带一路"沿线国家。这样不但让沿线国家的政府和企业能感受到合作带来的益处，连这些国家的普通民众也可以分享中国经济繁荣以及"一带一路"带来的崭新投资机遇。

同时，当前的全球化也不仅仅是资金、资本等在环球经济领域流动，语言、文字、艺术和思想价值观等各种文化要素的全球化亦不可忽视。在跨境传播中，文化认同往往具有奇异的力量，可以打破地理的界限，甚至促使受众对境外的某种文化认同程度高于自身文化，这种效果在美国、日本流行文化在全球传播中已多次被证实。

在"一带一路"的文化领域，一方面，我国可用与沿线国家有近似性的少数民族进行文化传播，讲述更多软性的中国故事，同时展示中国文化的精品和深厚底蕴。另一方面，要使沿线国家对中国推行"一带一路"的未来增强信心，我国更应考虑加强文化领域的双向传播，即除了对外传播外，也多向国内传播、借鉴其他国家的优秀文化，增加国民对这些国家的了解和兴趣，这才能实现"一带一路"所强调的开发、包容和相互促进。

其二，应避免以相同的内容和语言，向不同国家传播。

"一带一路"沿线至少包括四种文明、近百个国家和上百种语言，由于每个国家所处的环境、自然条件、宗教、语言、民族和政治制度不大一样，对外来传播的接受条件、接受习惯也不尽相同，因此，中国外宣媒体在海外传播中若采取"一套内容，多方传播"的方式，容易在具体传播中出现偏差，不但未能达到预期效果，同等付出但传播效果迥异的情况也很可能出现。

针对不同受众和不同语言基础的国家，中国海外传播者必须应该考虑受众最基本的认知逻辑，选择好传播语言、传播途径进行分类传播。例如仅以基建而言，海岛国家和内陆国家所需要的交通基建就大有分别，更有许多研究显示，海洋国家与内陆国家在思维方式、价值观等方面都有根本性的不同，传播工作者必须开展有针对性的工作，并且对不同的传播效果做好心理准备。

如果我们更为细致地展开分类研究，更会发现"一带一路"沿线的西方发达国家、新兴国家和发展中国家关注点也大不相同。以美国为首的西方国家主要关注"一带一路"构想是否会更改当前国际秩序，新兴国家如俄罗斯、印度则关注中国会否削弱其势力范围，发展中国家则关切中国在加大投资的同时会否侵夺其资源等。因此，在"一带一路"的海外传播中，也要以这些不同国家的兴趣点和最近的、最具体的关注点为起跑线，设定不同的主题。例如对欧美，应强调中国并非要与其一争高下，对于俄罗斯、印度则要强调尊重他们在不同地区既有的地位等。

除了不同的内容外，对外传播中一个重要的技术性问题是针对不同文化须用多元化的翻译语言。如果仅仅将传播内容集中用中、英两种语言，则不但难以迅速打动其他文化的国家，更容易让不以英文为主要语言的国家产生被冷落、被忽视的感受。

其三，避免自说自话，传播注重内外有别。

"一带一路"倡议自2013年年底提出之后，通过国内各媒体、舆论的全方位、多层次宣传之下，国内各界对"一带一路"的了解、认识已经比较全面了，地方政府、企业和民众对投入"一带一路"建设热情也相当高涨。但在海外传播方面，却引发了"中国版马歇尔计划"之类的误解，以及令国际社会出现中国此举是为了重塑国际秩序、追求国家霸权、挑战美国的国际主导权等的猜测。

有研究人士指出，上述的误解、猜测，一方面固然与部分西方媒体的刻意抹黑有关，另一方面也与中国在"一带一路"的海外宣传过程中，采用了在国内惯常的单向"灌输式"传播模式，没有做到"内外有别"，在对外传播过程中缺乏"双向沟通"，没能促使传播双方更多的反馈与交流，而是自说自话，导致无法形成良性互动有关。

在"一带一路"倡议的海外传播中还出现一些虽然在国内很常见，但在海外传播中并不恰当的措辞，例如"战略大通道""桥头堡"等带有军事色彩的语言，容易引起沿线国家的警惕和抵触心态，令海外舆论对"一带一路"的目的产生不必要的质疑。在政策的对外传播中，媒体和有关人员都应时刻提醒自己"内外有别"，区别对待国内外的传播对象。一方面要减少"以我为主"、仅仅报道中国在推进"一带一路"中做出的努力，更应加强报道"一带一路"沿线国家的政治、经济、社会和民生情况和他们参与的程度、成绩，以此增加沿线国家政府、企业和民众的对"一带一路"构想的认同感；另一方面在报道中要增强双向沟通，强调合作、共赢的理念和思维，在措辞上最大程度传达出合作的善意，避免显示过强的目的性。

此外，由于成功的对外传播，不仅应该彰显一国最为浓郁的意识形态和政治理想，更应该是"润物细无声"般的多元化的对外宣传。中国内地有三十二个省市自治区，每个区域都会有不同的表达方式、不同的话语体系、不同的思想观点、不同的故事结构，如果我们制定出一个完善的话语体系，让众多的省份和地方发出自己独特的声音，那么我们的对外传播则会彰显出"百花齐放"的多元态势。

因此，相关对外宣传的主管部门，可以考虑对外的宣传和传播中，实行话语传播体系领域的"简政放权"，预先设定一个边界，一个范围，之后就发挥各个地方媒体的自主性。

其四，避免片面展示"一带一路"的意图与目的。

"一带一路"倡议中包含有互联互通、互利共赢的内涵，但在当前的海外传播中，中国对外宣传媒体常常片面地强调"一带一路"给沿线国家带来的利益，较少谈及中国在当中的利益。这种方式的用意很明显，就是希望沿线各国尽快接受、认同"一带一路"发展理念，推动各国与中国在此框架下展开合作。

不过，这种方式在海外传播的效果上往往事与愿违。由中国政府倡导的"一带一路"构想若顺利实施，将为中国自身带来庞大的利益，这几乎是世人的共识。中国外宣媒体若在对外传播中对中国的利益避而不谈或少谈，容易导致国际社会认为中国在隐瞒实情，为海外舆论留下诸多不良的想象空间，更有可能导致别有用心的西方媒体借机炒作，国际话语权旁落之余，还会给中国国际形象带来负面影响。

另一种"片面展示"则是部分媒体对中国的情况倾向于多说成绩，不承认或少承认失误，同样容易引发"一带一路"沿线国家的警惕和畏惧。在当前的海外传播中，中国媒体往往大肆宣扬中国在经济、社会、外交甚至是军事等领域的成绩和实力，注重展现中国光彩的一面，不顾中国在众多领域仍有不足之处，需要进一步发展壮大的事实。

这种不够客观的海外传播方式，效果只能适得其反。对于"一带一路"沿线国家而言，中国的强大已是事实，如果媒体再反复强调中国政治、经济和军事实力的迅速崛起，看起来毫无缺点的超级强国形象，这些国家只会产生更强烈的危机感和逆反心理，抵触与中国的合作。因此，海外传播中应该尽量展现有血有肉、有优点有缺点、有成绩也有失误的真实中国，同时发出世界需要中国，但中国更需要世界的声音，对海外才更具吸引力和说服力。

同时，在对外宣传中，也应多考虑借助身在海外的"知华派"以及知名专家学者对中国从不同角度的深层次解读乃至"现身说法"，令海外传播中的中国形象更具有真实性、可信性和权威性，以此消除沿线国家的疑虑，展现中国对于合作的真诚，才能鼓励沿线各国与中国共同打造未来的利益共同体。

最后，在日新月异的全球移动互联网时代，"一带一路"构想的海外传播中也不能忽视青年人的力量，应积极借助Facebook、Twitter、Line等新兴的社交媒体平台来开展宣传。除了关注对"一带一路"沿线国家的海外传播外，也要加强对非沿线国家的传播，以避免导致新的意识阵营出现。"一带一路"的对外传播工作，只有通过更大视野、更多传播模式、更新传播思维，才能最大化、最优化地实现全球传播的效果。

二

企业走出去篇

中国企业走出去应多点在商言商

在"一带一路"倡议背景之下,中国企业"走出去"期间,应该大大方方、直截了当地告诉投资所在国的政府、民众,中国的企业过来投资,就是在商言商,合法经营,追求盈利。说白了,是过来赚钱的。中国企业如能做到这些,一方面可避免投资所在国对中国企业提出不合理的要求,或做出过高的期望;另一方面也能消除各国猜测中国企业"走出去"的背后目的,降低外界对中国"一带一路"政策的误解。

在"一带一路"倡议背景之下,中国企业"走出去"期间,应该大大方方告诉投资所在国的政府、民众,中国的企业过来投资,就是在商言商,合法经营,追求盈利。

随着"一带一路"倡议的实施,越来越多的中国企业即将更积极地"走出去"。然而我们不应忘记,过去中国企业"走出去"的历史中,由于过于考虑商业之外的因素,多次遭受外界无端的猜测，不少企业更因此蒙受亏损。

笔者建议，在"一带一路"背景下中国企业"走出去"，应该更多地保持在商言商、务实主义的取向。

其一，企业"走出去"应减少盲目跟从投资所在国政府的指挥棒。

不少"一带一路"沿线国家经济比较落后，这些国家的政府为加快经济发展，常常在以下三方面急于求成：一是项目规划缺乏充分论证，在环境评估、技术评估还没有全部完成之前，就要求外国投资者的项目快速上马；二是政府通常会优先选择施工期较短，但成本较高的项目，往往加大了外国投资者的投资成本；三是较少顾及本国发展实际水平，政府通常会要求外国投资者提供高性价比的技术、产品和工程。

如果中国企业在"走出去"期间，遭遇到此类过于"心急"、把中国企业当冤大头、对中国企业诸多过高要求的国家时，一定要在商言商。切切不可盲目跟从投资所在国政府的指挥棒，也不在所在国政府的小恩小惠下匆忙上马项目，而是应该充分做好调查、技术审查和风险评估工作，判定项目可行性较高、成本效益和回报有保证之后，才是做出投资决定的较佳时机。

其二，中国企业"走出去"要有匠人（Craftsman）精神。

相比欧美、日本等发达国家，当前中国企业"走出去"的软肋，主要集中在质量稍差和技术稍低的两个方面项目。我们必须看到，很多条件比较好、回报较稳定的项目，往往被发达国家的企业夺得，条件、回报均一般或较差的项目，中国企业才能分一杯羹。即使是这些"鸡肋"项目，中国企业之间还不时进行"内斗"，展开激烈的竞争，有的企业甚至采取低价中标策略，这不但为以后在项目实施过程中埋下隐患，也影响了中国企业的声誉，得不偿失。

因此，中国企业"走出去"，除了企业之间要加强合作，建立合作机制，以及中国政府建立及完善协调机制、有序引导企业参与招投标等之外，更重要的是中国企业要培养匠人精神。

匠人精神，指的是对于产品质量、制造技术的崇敬，更加强调企业间的分工与合作。匠人精神并非不鼓励竞争，而是竞争的前提是以产品的质量、制造技术说话，以此迫使企业不断改进技术和质量，最终获益的不仅是企业，更是所有民众。

其三，中国企业"走出去"要培养在地化（Localization）意识。

过去不少中国企业"走出去"，不但较少主动融入当地社会进行人文交流，也较为忽略当地劳工福利、安全保障和环保因素，不少中国企业更抱有"Over Pay"的想法，认为只要用钱能解决的问题，都不是问题。不少"一带一路"沿线上的发展中国家，已开始对中国的投资说不，或者是要求中国的企业提供更优厚的条件，付出更多的金钱。

中国企业"走出去"更加要培养在地化意识，主动学习及掌握当地的制度和文化，遵守规则，与当地居民形成良性互动，主动融入当地文化，了解当地的风俗习惯，适应地方需求，不能有侥幸心理。同时，中国企业除了参与该国政府的项目之外，也要考虑"接地气"，与更多的当地民营企业合作。只有逐渐为投资所在国的民众所接受、认同，中国企业才有可能发展得更顺利、更快。

简而言之，在"一带一路"倡议背景之下，中国企业"走出去"期间，应该大大方方、直截了当地告诉投资所在国的政府、民众，中国的企业过来投资，就是在商言商，合法经营，追求盈利。说白了，是过来赚钱的。

如果中国企业能做到这些，一方面将可避免投资所在国对中国企业提出不合理的要求，或做出过高的期望；另一方面也能消除各国猜测中国企业"走出去"的背后目的，降低外界对中国"一带一路"政策的误解。（刘建钦对此文有贡献）

"一带一路"须注重保护中国企业知识产权

在"中国制造"是当之无愧的全球第一的今天，全球知名的中国品牌却如此之少，不能不说是一大憾事。未来中国政府和企业必须共同关注提高知识产权、品牌商标的保护意识，合力构建中国知识产权保护战略实施机制，这样既有助于推动"走出去"的中国企业的长远发展，也能为"一带一路"倡议的进一步实施提供助力。

在"一带一路"倡议的部署下，中国企业加速"走出去"已是大势所趋。企业要"走出去"，除了"思想先行""粮草先行"，做好前期规划、风险评估和以雄厚财力作为后盾之外，还需要有"知识产权先行"的意识。在保护知识产权的框架下，建立更加完善的商标战略实施机制，提防中国品牌在"一带一路"沿线国家和地区受到侵犯。

中国企业如何加强知识产权保护意识，防止商标遭恶意抢注，是"一带一路"倡议中常被外界忽略的，但这又是较迫切需要解决的环节。

数据显示，中国企业过去在海外投资过程中，每年都有数以百计的商标遭国外企业抢注而失去商标经营的自主权，例如"飞鸽牌"自行车商标被印度尼西亚抢注、"海信"在德国被抢注、联想因"Legend"在很多国家被注册要改用"Lenovo"等。

众多中国企业品牌商标遭外国抢注，固然是因为中国企业和产品在国外的声名鹊起，关注度越来越高。似乎可以用法国名牌"Chanel"始创人CoCo Chanel的名言——"被人仿造是一场灾难，没人仿造是更大的灾难"——来阿Q式地安慰自己。但在现实中，那些被外国抢注的商标，中国企业无论是要通过法律手段向国外企业赎回这些商标，还是另起炉灶开张新设商标，经济成本和时间成本都非常昂贵，这也为中国的企业"走出去"带来不少障碍。

中国企业商标被抢注的原因很多，在用一只手指指责外国企业恶意抢注的同时，另外四只手指需要指向自己，深入检讨被恶意抢注的原因。主要原因有以下四点：一是企业缺乏长远规划，对知识产权的重要性认识不足，常常等到自身出口业务形成一定规模时才想到海外注册，却可能为时已晚。二是企业对投资所在国的知识产权保护制度了解不足，缺乏品牌商标的防御思维，在部分商标法不太健全的国家，的确常常发生商标原所有人无奈放弃品牌的案件，或是至少要付出高额的经济补偿。三是企业常常过多考虑知识产权保护的费用成本（由于海外商标保护、维护等费用较高，增加中国企业的负担，导致不少企业放弃商标保护），而且在商标遭外国企业抢注后维权意识不强，助长了抢注的坏风气。四是目前在国内企业中，拥有专门知识产权保护队伍的企业为数甚微，企业制定品牌商标保护战略时，缺乏知识产权人才，而且也缺乏官方相关的数据和专业指引，因为后知后觉导致未能抢占先机、提前部署品牌商标保护程序。

如今在"一带一路"倡议背景下，随着更多中国企业"走出去"，知识产权领域的争夺，已逐渐成为中国企业布局全球、直面环球商业竞争的主战场之一。在前车之鉴下，企业更须具有强烈的知识产权保护意识，不光是中国企业，还包括中国政府，应当更加注重在以下几处发力。

对中国政府而言，政府一方面可考虑从强化知识产权人才培养、储备，加强对品牌商标代理机构的资格认证、诚信机制建设及规范管理，以及增强培训机制等方面着手，开展前瞻性规划，组建系统的、完善的品牌商标服务专业队伍，为到海外投资的中国企业商标遭抢注问题保驾护航。

另一方面，政府应提供更多资源，对到海外注册商标达到一定数量的中国企业提供资金补助，解决注册费用高昂问题。与此同时，政府应进一步引导品牌商标行业组织、协会的建设，加强发挥他们的"三自我"（自我服务、自我管理、自我教育）作用，为

"走出去"的中国企业多提供一层保护网。

此外，政府应加强与"一带一路"沿线国家建立商标领域的合作备忘录，通过这一政府之间的沟通平台，协助遭抢注商标的中国企业，能在相关国家主管部门的支持和配合下妥善解决商标问题。

最后，政府也应考虑设立对知识产权、商标保护不力的国家黑名单，供中国企业参考。与此同时，政府可通过每个季度发布有关哪些国家对品牌商标侵权情况比较严重，中国企业在哪些国家需经常申请注册保护，同一行业在哪些国家已有注册等最新信息，以及提供各主要国家中国企业商标注册程序、商标注册数量、侵权诉讼数量和企业维权平均成本等信息，让中国企业在"走出去"之前，可掌握相关权威资料，提前部署。

对企业而言，它们既要培养自身知识产权保护的海外思维模式，也应考虑创新商标保护模式。例如采取家族品牌策略（Family Brand Strategy）、多元品牌策略（Multi-brand Strategy）和联合品牌策略（Co-Branding Strategy）三结合的新模式，在"走出去"时根据不同的国家、地区，不同消费人群，采取不同的品牌策略，不但可避免一旦商标遭抢注就全军覆灭的窘境，还可通过与投资所在国的知名企业合作，共同推出产品，并冠上共同品牌，为中国企业在竞争激烈的海外投资市场中寻求新的发展模式。

在"中国制造"是当之无愧的全球第一的今天，全球知名的中国品牌却如此之少，不能不说是一大憾事。未来中国政府和企业必须共同关注提高知识产权、品牌商标的保护意识，合力筑建中国知识产权保护战略实施机制，这样既有助推动"走出去"的中国企业的长远发展，也能为"一带一路"倡议的进一步实施提供助力。

"一带一路"下需要什么样的国企改革

　　自改革开放以来"国企改革"已非新鲜事，过去几轮改革分别致力于推动国企放权、建立现代企业制度以及重整资产管理体制等方面，然而成绩却不显著。此轮国企改革与过去不同，首次鼓励国企、民企互相参股的"混合所有制"，对内兼并重组，练好内功，做大、做强、做优；对外则在"一带一路"倡议背景下，强强联手"走出去"，以在国际市场中提升竞争力，可以说让外界充满幻想和期待。

　　当然，我们必须承认，在国企改革过程中也应留意一些问题。

　　其一，国企改革有可能制造更大的垄断。近日的南北车合并可理解为避免同业竞争，共同联手"走出去"。可是，如果未来接连出现"神油""神船"和"神钢"等央企大合并，由于这些央企原本已具备规模经济效应，双方再合并能否发挥1+1大于2的效应尚难预料，巨头合并的结果却有可能带来更大的垄断，有违给市场放权的"混改"的本意，甚至背道而驰。

其二，绝大多数民企事实上较难参与国企改革。全国有逾百家央企、逾万家国企，不少市值非常巨大，动辄逾千亿元，甚至过万亿元，如中石化旗下的零售业务估值已逾3000亿元，民企即使入股30%也需900亿元。且不论民企是否对入股感兴趣，仅看现今民企的规模，除了阿里巴巴、腾讯、万科、万达、平保和复星等十数家民企有此实力之外，大多数民企短期内可能较难加入这种"蛇吞象"游戏中来。

其三，民企参股未必能提升竞争力。在中信集团重组之前，原本持有不到60%股权的中信大股东，在整体上市之后股权反增至75%，拥有绝对控制力，其他股东更难挑战管理层。若这种情况在未来国企改革中继续出现，那么短期而言，引入民营仅达到了帮助筹集部分资金的目标，至于能否利用民企股东来提升央企、国企经营的潜力、效率，能否让股权结构的变化来倒逼国企改革，当中还有很多不确定因素。

因此，在"一带一路"倡议背景之下，国企改革要取得进展，笔者建议或可更多考虑通过海外企业联盟、完善法制配套和完善分工制度这三方面下功夫。

在海外企业联盟方面，过去国企进行股份制改革，不少都曾引入海外资本作为策略股东，实行拥有权和管治权分开的现代化管理。但从目前的效果来看，对政策因素的考虑仍高于对经济因素的考虑，难免让外界产生虚有其表的印象。

如今国家推行"一带一路"建设，倡导国企更多进行海外投资。在以往的"走出去"过程中，国企曾遭遇不少诸如合同遭毁、"水土不服"、难以打开对方市场等难题，因此，笔者建议，未来要实现国企改革的目标，以及推动企业更好地"走出去"，国企不仅要引进策略股东，还应考虑更进一步通过与海外企业联盟的方式打开国际市场，并通过结盟的方式从中获取更多有益经验，倒逼国企改革。

企业联盟或称卡特尔（Cartel）的概念源于欧洲，意大利文的"Cartello"原意是一张纸，企业间签订的协议书，延伸的意思是由多个企图垄断市场的企业，发起控制产品或价格的联盟。不过，这种理解比较狭隘，并不符合当今企业联盟，尤其是海外企业联盟的内涵。

现今的海外企业联盟，可以分为策略联盟（Strategic Alliance）、产业联盟（Industry Alliance），主要通过投资、授权、长期合作或与其他海外企业之间建立关系等方式的结合模式，既可建立经济规模，应付产业结构调整、学习相关管理、生产经营，又可迎合后者的市场以及分摊风险，减少中国企业海外巨额的并购、投资成本。这对越来越频繁"走出去"的国企而言，与海外企业进行策略或产业联盟，应是推行全球化策略、增加全球竞争力的主要考虑方式之一。

新一轮的国企改革，还须关注完善法制配套。我认为，国企引进民企、海外企业的另一关键，是如何确保他们的权利，构建一个共同管治的司法基础。民企、海外企业加入国企，最担心的一件事就是一旦出现纷争，在司法层面如何防止国企背后的政府"既当球员又当裁判"。

笔者建议，在对内方面应考虑改善与所有制经济相关的法律，优化《中华人民共和国公司法》《中华人民共和国商业法》《中华人民共和国证券法》《中华人民共和国会计法》和相关的税务法律，以健全权责明确、保护严格、流转顺畅的现代化产权制度。

在对外方面，除了应寻找、培养更多熟悉国际法、普通法，具有国际视野、国际金融经验的人才，在进行海外企业联盟时发挥更大的作用外，也应集中熟悉国际商业体系、法律体系的专家、学者的力量，在中国的国企改革与西方国家以民营市场为主的自由资本主义不同的情况下，找寻进行海外企业联盟合作的最大公约数，为中国国企的改革和"走出去"服务。

在完善分工制度方面，要解决国企改革中"以政府为公司"，但"政府又并不是公司"的问题，主要难度在于公司的目的是盈利，但政府的目的是服务，两者目标不同，政府产权的边界比较模糊，由此埋下了很多隐患。虽然我国政府此前曾导入新加坡淡马锡模式进行小规模实验，但成效不彰，部分更因国企的间接抵制而作罢。因此，除了探讨新加坡淡马锡模式之外，笔者建议还可以借鉴香港港铁公司的经验。

在股权结构上，虽然香港特区政府持有港铁公司超过76%的股份，民间资本只占有24%股份，但港铁的主要运作、日常业务是由行政总裁及执行委员会八位总监负责管理，并向董事局汇报。在董事局的12名成员中，仅有4名董事与特区政府有关，这4名代表特区政府的董事会成员"抓大放小"，他们主要负责董事局旗下的审核委员会、薪酬委员会、提名委员会及企业责任委员会，具体事务交由行政总裁及执行委员会负责。

在这种模式下，除了每年获利甚丰外，港铁公司还被国际公认为世界级的公共交通运输机构，很多国家以及地区都引进了港铁的营运模式。港铁公司之所以取得成功，其中关键之一在于香港特区政府的放权和建立清晰的股权、分工制度。

因此，国企改革的"混合所有制"核心是要加强国企营运效益的"混合经营制"，仅仅引入民间资本并不足够，还应在改革过程中，建立一套制度，清晰界定政府的放权范围和清晰的股权、分工制度。

在"一带一路"背景下，国企改革已成为突破当前经济结构困境、转型升级，以及推动企业顺利"走出去"的一步关键大棋。国企应通过海外企业联盟、完善法制配套和完善分工制度等措施，融合国有资本和民有资本，建立"混合所有制"的企业结构新局，才能进一步激发社会优质生产要素，带动生产方式革新，以及提高企业的国际竞争力，在未来的"一带一路"海外投资、市场拓展中，不仅能够"走出去"，更能进一步"走进去"和"走上去"。

中国为何没有拿到泰国的高铁项目

在"一带一路"倡议下，无论是中国高铁要"走出去"，还是中国企业进行海外投资，需要明白过去在国内投资，可以是摸石头过河，但未来海外投资，是摸着石头过海，是过沼泽地，按照过去摸着石头过河的方式未必走得通，只有先踩着前人的脚印前行，才不容易陷下去。

笔者近期在大学讲学，以及出席一些有关"一带一路"的论坛、讲座时，虽然看到在座的企业经营者普遍对"一带一路"下企业如何"走出去"兴致高昂，但也有不少企业对"走出去"后的前景感到担忧。其中讨论比较多的是近期中国高铁走出去尚且困难重重，那民企走出去岂不是更加寸步难行？

大家知道，中国近日错失了墨西哥、泰国两张高铁大单，未来在新马高铁、美国加州高铁等国外项目上，也面临日本、欧洲等国的激烈竞争，高铁"走出去"正面临巨大挑战。

笔者仅以中国高铁在泰国遭遇挫折的例子来解释一下为何中国高铁"走出去"这么难。

泰国首条高铁之所以决定采用日本新干线系统，如抛开政治因素不论，以技术、经济因素讨论的话，也有四个原因。

一是中国高铁的声誉还达不到泰国的高要求。不少国人对泰国的印象可能更多集中于泰国菜、泰式按摩、旅游，但实际上泰国的制造业实力也很雄厚，其电子产品在东盟国家的受欢迎程度，仅低于日本，而高于中国，甚至有"东盟的德国"美誉。在这种"技术崇拜"的心理下，加上日本新干线系统标榜有50年的安全运营经营，促使泰国更倾向于日本的产品和技术。

二是日本给泰国高铁提供了更加便宜的贷款利率。中国台湾媒体《商业周刊》报道称日本提供的贷款利率不到2%，而其他国家的贷款利率普遍高于2%，在逾100亿美元的高铁项目中，利率即使相差0.5个百分点，都是一笔不小的数目。另外，由于中国高铁此前提出的预算，和其他国家的预算相差无几，成本未如外界想象中那么低，因此日本最终以价低获胜。

三是中国的核心技术优势目前仍不明显。中国高铁技术最初师法日本新干线系统、法国阿尔斯通和德国西门子等，如今中国高铁的核心技术虽已从"中国制造"转变为"中国创造"，但在不少外国政府看来，中国的这些核心技术可能是"改良版"，且只有不到10年历史，相对"年轻"，相比日、法、德高铁动辄数十年的历史，外国政府也相信中国人常说的"嘴上无毛，办事不牢"这句话。

四是中国高铁"走出去"尚不能在商言商。笔者此前曾在拙作《中国企业走出去应多点在商言商》中建议，在"一带一路"背景之下，中国企业"走出去"期间，应该大大方方、直截了当地告诉投资所在国的政府、民众，中国的企业过来投资，就是在商言商，合法经营，追求盈利。然而中国企业，包括我们引以为傲的高铁，"走出去"总是背负为国争光、输出技术、输出产能等包袱，容易患得患失，不但被"一带一路"沿线国家质疑背后动机，也常遭沿线国家利用中国的顾虑提出各种不合理要求，一旦要求得不到满足，沿线国家就另作他选。

此外也不能忽视日本在国际媒体的宣传上，强调的是"50年经验、50年安全运营"，有针对中国高铁"年轻"、曾经发生过事故之嫌，对此，中国高铁在海外宣传上如何接招，如何宣传，有不少改进的空间。

这也提醒我们，在"一带一路"倡议下，无论是中国高铁要"走出去"，还是中国企业进行海外投资，在提升自身的质量、技术，进一步寻求降低贷款利率、项目建造成本的空间之外，也要以极大的耐心进行长期的宣传部署，打造中国产品的可靠形象。

尤其是对准备对外投资的中国民企而言，过去在国内投资，可以是摸石头过河，但未来海外投资，是摸着石头过海，是过沼泽地，按照过去摸着石头过河的方式未必走得通，只有先踩着前人的脚印前行，才不容易陷下去，因此中国民企的"一带一路"之旅，可考虑由过去有海外投资经营经验的港台企业带路。

"一带一路"下企业"走出去"可学李嘉诚

> 雄心勃勃的内地企业要能意识到,千万不能想当然地、自娱自乐地、简单片面地、一厢情愿地和"一带一路"沿线国家打交道,而是要学习李嘉诚乃至其他成功"走出去"的企业,要真正去了解每个国家、每个群体、每个市场对中国企业的期望和需求。

今时不同往日,中国内地许多企业早已非"吴下阿蒙",而是兵强马壮,在国家推出"一带一路"战略部署之下,"走出去"的最佳时机已经出现。其实,全球不少企业在"走出去"的策略中都有些共同点,例如李嘉诚投资欧洲,或是富士康的内地投资,都可以让内地企业好好参考。

经验一是要跟随全球性银行、领头羊企业一起"走出去"。

李嘉诚本人担任过汇丰银行董事局非执行副董事长,李嘉诚的长子李泽钜,现在是汇丰银行的董事。作为汇丰银行的董事,李嘉诚家族拥有汇丰银行这个近40年来合作无间的"老朋友"，不但融资方面零障碍，更是通过汇丰银行提供的信息和情报，才大量地购买欧洲尤其是英国的资产。

在欧洲拥有深厚基础的汇丰银行，一直源源不断给李嘉诚提供最珍贵的并购、投资信息，为李嘉诚在欧洲的拓展穿针引线。哪个企业穷，哪个企业要借钱，哪个企业快揭不开锅了，只要企业是通过汇丰银行贷款的，企业的情况，李嘉诚都能了解得很清楚。

这里的启示就是要跟银行、领头羊企业一起"走出去"。这里再给大家举一个小企业的例子。多年前台湾的郭台铭到深圳去办厂，不久工厂里有几十万工人，笔者有一个台湾的朋友看到郭台铭过来深圳投资，他也跟过来了。但他跑过来不是开工厂，而是做什么呢？他在郭台铭工厂的旁边，开饭馆，开小型超市，开旅馆，开网吧，开按摩室，而且还卖计算机、卖手机等杂货。郭台铭工厂有30多万工人，工厂又在深圳郊区，所以不少工人为了方便，常常去这位朋友那里消费了。

这位朋友赚的钱当然比不上郭台铭，但是每年赚一千几百万元是轻轻松松的。所以以后内地的企业要走出去，即使你不了解情况，但肯定有人了解情况，所以大可以留意一下龙头企业的动向，不一定要和龙头企业竞争，但就算给龙头企业搞一些配套的服务，也可以赚到钱。

经验二是要不拘一格，储备人才。在选择人才上，李嘉诚可以说是一个"色盲"，不分肤色，只要你能干，他就请你，他看中的是每个人不同的价值，而不是看你的国籍。

早在1970年李嘉诚买和记黄埔的时候，他就找了很多欧洲和北美的职业经理人加入他的团队。如果大家有去和记黄埔的公司总部看过的话，会发现那里有非常多的外国员工。由于李嘉诚擅长聘请欧美顶尖的一流人才为自己所用，给员工的薪酬福利也都是顶尖的，所以那些职业经理人都非常卖命。

公司发展到一定阶段，决定成败的是人才，"走出去"途中更是明显。李嘉诚的人才储备非常好，这个人才不是一般的什么外语人才，而是具有国际视野、国际背景，具有金融专业能力的领导人才。这种人才中国的企业都特别缺。一旦缺乏这种人才，企业在外国投资就缺少了一个实际操作的领军人物，后果可想而知。

经验三是要有现金。李嘉诚在中国内地投资令不少人惊讶的一点是几乎零负债，当然其实他也很难向中国的银行贷到款。不过长江实业负债率一直非常低，历史上几乎没有超过15%，内地很多的开发商的负债率则超过100%。"走出去"的企业即使自身没有足够的现金，也一定要在走出去之前和银行谈好，准备好融资的渠道。

为什么李嘉诚负债这么低，这么喜欢现金在手？这其实是血的教训。其实李嘉诚在创业初期一度因债务问题被银行逼债，险些破产，此后他在财务方面一直非常谨慎。李嘉诚喜欢说，他是稳健中不忘发展，发展中不忘稳健，也可以说是保守，他希望在一个稳健的环境中慢慢去发展他的业务。

李嘉诚"现金为王"，进可攻退可守，值得中国内地企业借鉴和参考。

经验四则是要多投资发达国家，多投资公用事业。作为一家"民营企业"，李嘉诚"出走"，主要投资的是发达国家，发展中国家投资很少。他所投资的项目，则大都是有比较稳定回报的公用事业。对于内地的企业，尤其是民营企业，笔者建议应该多考虑去一些发达国家投资，而对于发展中国家和高风险地区，投资前须慎重考虑。

李嘉诚有一个绝招，是他可以把他在香港成功的经验，完整地复制到欧洲，尤其是英国。他到欧洲的投资项目，最引人注目的不是房地产，而是大手笔买下各类公用事业资产。作为英国历史上最大单一投资者，李嘉诚投资英国已经超过400亿英镑，旗下公司遍布电力、燃气、水务、港口等。

这种情况和李嘉诚在香港的发展模式非常相似。在香港，地产财团普遍垄断公用事业，公路、电力、煤气、公交车等大多掌握在李嘉诚、郑裕彤、新鸿基郭氏兄弟、李兆基等家族的手中。

这些富豪都喜欢以公用事业作为房地产发展的补充，这样做的好处是，楼市的发展会有升有跌，但即使是在经济最动荡的时候，公有事业都能够保持一定的盈利。例如李嘉诚投资的香港电灯，这家供电公司，这几十年来都为李嘉诚带来非常可观的回报，在许多年中甚至几乎每投资100元就能有30元稳定回报。

所以在公用事业的投资中，这些地产富豪每年都能获得固定的利润，这样稳定的现金流正好能作为周期性很强的大型房地产集团的"财务缓冲"。我们看到，即便欧洲的整体经济几乎无增长，但李嘉诚投资公用事业年回报率却可以在15%左右。由于欧洲尤其英国的法律、会计、金融等和香港差不多，李嘉诚非常熟悉，所以李嘉诚是把他在香港成功的发展经验，复制到欧洲去，而且复制得非常成功。

因此，作为中国内地企业而言，无论是准备"走出去"投资"一带一路"国家，还是准备扩展经营，核心就是在中国成功的经验，可以在他国复制、复用。否则"走出去"之路将走得异常辛苦，甚至有可能会失败。

经验五是"走出去"投资要留意汇率问题。

过去5年，李嘉诚大举海外收购超过3200亿港元，投资对象都是英国、欧洲和加拿大、澳大利亚等地资产，虽然他的借债不多，但所借的债务都是美元计价的，而且，在香港，港元和美元实施的是联系汇率，美元升值，港元也升值。过去一年来，由于英镑、欧元、澳元等对美元纷纷贬值超过10%，赚到的钱无论换算成美元或是兑换成港元，都令李嘉诚损失不少。

当然，这些钱对李嘉诚来说不一定很多，但蚊子再小也是肉。咱们中国内地企业走出去也要留意当地的货币的汇率问题，以及世界主要货币的汇率趋势，避免造成损失。

简而言之，雄心勃勃的内地企业要能意识到，千万不能想当然地、自娱自乐地、简单片面地、一厢情愿地和"一带一路"沿线国家打交道，而是要学习李嘉诚乃至其他成功"走出去"的企业，要真正去了解每个国家、每个群体、每个市场对中国企业的期望和需求。

李嘉诚为什么要"撤资"

在中央政府"一带一路"的倡议部署下，中国将由制造业大国、贸易大国向投资大国转变，这将掀起中国内地企业新一轮"走出去"的浪潮。这个背景之下，中国内地企业要"走出去"，香港企业更急于"走出去"，只有如此，香港的企业才能保持竞争优势，才能更好地成为中国内地进一步"走出去"的引路人，以及在当中获取相关的利润。

李嘉诚2015年1月突然宣布长江实业集团及和记黄埔公布重组方案，以协议方式将长江实业集团和和记黄埔合并为新公司长江和记实业有限公司（下称"新长和"），接手两个集团的所有非房地产业务，而原有长江实业集团及和记黄埔的房地产业务将由新公司长江实业地产有限公司（下称"长地"）负责，长地也会分拆以介绍方式在香港联交所上市。

对于李嘉诚这次的举动，我认为核心在于六个字：高财技、国际化。

高财技方面，我认为这次重组再次展现了李嘉诚的高超财技。其实我们看到重组可从两方面带来很大利益：一是过去长江实业集团由于股权复杂到投资者看不清楚，一直估值是有些偏低的，现在把房地产和其他业务清楚分开，按"长和系"的计算市值被低估了870亿港元的情况将消失，等于天降870亿港元。二是改了注册地到开曼群岛，那边的公司法对于派息的要求宽松得多，可以预计未来"新长和"派息会比长江实业集团高不少，这除了股民开心外，要记得最大的股东就是李嘉诚自己。

国际化方面，我们先从大背景来看，中国内地企业"走出去"现已成为国策，尤其是在中央政府"一带一路"的倡议部署下，中国将由制造业大国、贸易大国向投资大国转变，这将推动中国内地企业新一轮的"走出去"浪潮。

这个背景之下，中国内地企业要"走出去"，香港企业更急于"走出去"，只有如此，香港的企业才能保持竞争优势，才能更好地成为中国内地进一步"走出去"的引路人，以及在当中获取相关的利润。

所以，我认为既然中国内地企业"走出去"被认为是利国利民的好事，那么，包括李嘉诚在内的香港企业进一步"走出去"，也并不是坏事，说香港企业"走出去"就是撤资，这对香港企业并不公平。

从小背景来看，李嘉诚这次把上市公司注册到开曼群岛，除了前面说的财务上的好处，另一个目的是要将其公司由具有香港色彩的机构，转变成具有国际色彩的机构。

　　李嘉诚的接班人、他的长子，一直都比较"国际化"，不但人比较国际化，他所从事的业务也很国际化。李泽钜把国际市场作为主战场的原因，一是如果他继续在内地和香港两地深耕，难以突破父亲李嘉诚的成就，只能成为父亲事业的守成者，外界也会质疑他接班者的能力。二是李泽钜只有转往全球开疆辟土，将"长和系"业务涉足全球四大洲，业务涵盖能源、公路、水务、环保等多项领域，才能成为"长和系"迈出香港走向全球化的功臣，并向外界展现了他既能继承父业，又能开拓新疆土的形象。

　　因此，在这种考虑下，李嘉诚的公司迁册，成为更具国际色彩的公司之后，我认为可以进一步显现出李嘉诚公司的多样性、国际化，这不但能提升其在国际社会的公信力、影响力，更能在各国政府间左右逢源，有利于"长和系"的扩张，这既为李嘉诚公司投资欧美企业提供助力，也可为李泽钜接班奠定更深厚的基础。

　　所以，虽然李嘉诚将公司迁册，但我们回头看看，其实不少中国大型企业也因为各种原因将注册地迁到开曼群岛，因此，我们可以去猜测其背后动机，但不要太恶意猜测李嘉诚的动机，毕竟，"商人有祖国，从商无国界"，商界的本性就是不断找寻高增长地区，以追逐高增长的利润。

中国企业走出去宜谨慎小心，规避风险

在"一带一路"倡议背景下，中国企业"走出去"已经是大势所趋。企业在"走出去"过程中，更加需要汲取过往教训，谨慎小心，规避风险，并争取获得投资成功，这不但是企业自身发展的需要，更是国家发展的需要。

在"一带一路"的倡议部署之下，中国将由过去的制造业大国、贸易大国，向投资大国转变，中国未来也将加大对外投资，通过对内投资、对外投资这"两条腿"同时走路，以推动经济下一波大发展。

在这种背景之下，尤其是随着中国和"一带一路"沿线国家的贸易与投资进一步便利化，中国企业如何在新一轮"走出去"的浪潮中抓住机会、把握机遇呢？

在"走出去"之前，中国企业一方面要问自己，在国内是否经常面临"三荒两高"的限制？如果企业尤其是一些制造业目前已经面临着人荒、钱荒、电荒，还有高税费和高成本等的"三荒两高"问题，那么，企业除了在国内转型，发展高增值、高科技产业之外，或许也到了可考虑"走出去"投资，并从外国引进先进的技术、设备，更好地参与与世界级企业在环球市场上的竞争的时刻了。

另一方面，企业也需要问自己，"走出去"只是为了赶潮流，还是真正有勇气、有实力希望通过与世界各大企业在国际市场上拼刺刀，以此做大做强？纵观欧美跨国大型企业的成功且快速扩张，确实是通过"走出去"收购其他企业而成就。如汇丰银行就是透过一连串并购成就今日的规模。

翻开美国的花旗集团、摩根大通、摩根士丹利等金融巨擘历史，几乎都有一连串并购往绩。但是，历史往往只留下成功者的名字，那些"走出去"的失败企业也为数众多，他们的结局往往是"尸骨无存"。

如果准备"走出去"的中国企业，确信自己早已非"吴下阿蒙"，而是已经"兵强马壮"，那么，"走出去"的时机目前确实已经出现。

不过，由于"走出去"的路途并非只有康庄大道，更有崎岖之路，通过过去几年对中国企业"走出去"的研究，我认为以下四个情况是准备"走出去"的中国企业需要仔细留意的。

其一，并非所有"一带一路"沿线国家都适合投资。

从20世纪90年代以来，不少发展中国家的经济均反复经历"泡沫与爆破"（Boom and Bust）的循环，尤其是在2008年环球金融危机爆发之后，一些国家甚至还充满了增长迟缓、高通膨和仰赖外资等这些难以挥去的经济挑战，情况严重的如土耳其、印度、印度尼西亚、南非和巴西，更被称作"脆弱五国"（Fragile Five）。

因此，在不少新兴市场（Emerging Market）开始变成急症市场（Emergency Market）的今天，新兴经济体已经进入了分化的时代。中国企业在"走出去"的时候，应该谨慎选择那些已经有违新兴（Emerging）称号的国家。具体而言，则可以选择那些在中国社科院发布的年度"中国企业海外投资的风险评级"中，评级为BBB或者以上等级的国家。

当然，这里我也必须要指出的是，即使一些评级在A或以上的国家，我认为也有相当的投资风险。例如法国、英国、德国、澳大利亚与加拿大这五个国家，由于它们的债务开始攀升、经济增长逐步放缓、经济体发展不平衡、臃肿的银行体系与大量的贸易赤字，因此风险已经逐渐显露，严重的有可能会成为发达国家中的"脆弱五国"，中国企业在对上述国家进行投资前必须加倍小心、仔细衡量。

其二，必须小心一些或会突然要无赖的国家。

如果读者经常关注国际新闻的话，会发现世界上一些国家是比较无赖的。例如美国的芝加哥大学曾经从伊朗借回一些文物研究，经过研究之后，芝加哥大学准备把文物交还给伊朗之时，美国一名犹太裔律师竟然把伊朗告上美国法庭，控告伊朗政府是某恐怖袭击的幕后黑手，造成律师的委托人经济损失，因此律师要求拍卖伊朗的文物，用来赔偿委托人。对于犹太裔律师的荒谬控诉，美国法院竟然受理了，虽然经过长时间的法律过程，文物最终顺利回到伊朗。

从这件事中可以看出，万一中国企业所投资的国家和中国出现摩擦、纷争，中国企业在该国所投资的资产，容易变成"人质"，带来极大的投资风险。而且，这些风险，无论是国际评级机构穆迪、标准普尔和惠誉发布的评级，还是中国社科院发布的年度"中国企业海外投资的风险评级"，都没有充分包括在内的。因此，中国企业在"走出去"的时候，必须加倍小心。

其三，必须充分了解以及作好充分思想准备所投资国和中国的各种差异。

由于中外文化、商务环境的差异，特别是法律体系不同影响境外投资企业的经营；而且出于保护本国企业以及出于政治考虑，国外审批程序比较繁复，会影响中国企业境外投资的竞争力。因此，即使是"走出去"较早的香港企业，他们在外国设厂成功者，多是已进驻多年的公司。

对于那些现在才有意"走出去"的中国企业，在准确投资"一带一路"沿线国家之时，必须深入了解当中的国家是否存在诸如腐败、法治落后、政府俘获（State Capture，即利益集团控制了政府与公共政策）、基础设施落后、劳动力技能低下、经济民粹主义兴起和地方保护主义等的问题。

其四，"走出去"的资金是否充足。

中国企业"走出去"另一个关键问题就是筹资困难。目前不少中国国内的银行对境外投资存在疑虑，不会主动推动对境外投资的融资。加上目前政府既无政策性支持的融资，也无商业性对外投资可融资额度的规定，而且企业绝大部分资产均在中国，难以进行境外抵押，因此企业较难获得贷款。就算中国企业想通过到海外上市的方式筹集资金，也犹如"西天取经"，即使度过重重难关获得融资，届时可能也会错失投资的最佳机遇。

对此，要解决中国内地企业的问题，我认为很值得考虑借助香港的力量。一方面，香港可以引导中国资金在香港设立海外投资的私募基金，从香港往外投资。这种方式可以淡化国家色彩，拓宽融资渠道，提高企业并购能力，也可以解决中国内地企业不了解国际市场规则、跨国语言、文化、法律制度差异的问题。

另一方面，针对"走出去"融资难的问题，中国政府与香港特区政府可考虑将跨两地的银行打造成中国企业对外投资中融资的主渠道。跨两地的银行可以考虑统一授信的方式，使中国内地有授信额度的企业可直接在香港获得贷款而无须另作担保；或者授信银行可帮企业出具担保到境外其他银行贷款。

与此同时，两地还可商讨更便捷的司法协作方式。允许内地企业用内地资产进行跨境抵押，从而在香港的银行或其他机构获得融资。发生争议形成判决后，双方承认相关判决，并直接交由当地司法机关在当地执行，并跨境划转资金，以此解决融资难问题。

简而言之，在2008年环球危机爆发之后，随着一国的实力、一国的财富以GDP为核心的"存量"概念，逐渐发展成以资本全球环流为核心的"流量"概念之后，中国企业"走出去"已经是大势所趋。因此企业在"走出去"过程中，更加需要汲取过往教训，谨慎小心，规避风险，并争取获得投资成功，这不但是企业自身发展的需要，更是国家发展的需要。

三

地方政府篇

"一带一路"会引发香港式产业空壳化吗

> "一带一路"将是未来一个长期的政策，地方政府和企业在围绕其作规划时，绝不能只看眼前，要多想想未来的路是平坦还是泥泞，综合考虑各种因素，包括如何减轻产业、企业"走出去"对本地产业结构、就业结构的冲击，这样才能少走弯路，更好地推动"一带一路"政策的顺利实施。

笔者近期在各地调研中发现，无论是地方政府还是企业，谈起"一带一路"倡议时，都比较着重"眼睛朝外"，探讨的都是如何做好规划更好地"走出去"。

在"一带一路"的背景下，笔者非常同意外面的世界很精彩，地方政府和企业应当更多地面朝远方，多往一带一路沿线国家开疆辟地。

但是，笔者同时也认为，除了远方，我们还有家乡和故人，应当多回头看看，思考一下"走出去"对内地各地经济、产业和就业有何影响，有了全盘思路才开始走向"丝绸之路"。

地方政府和企业第一个应当思考的影响是"走出去"会否造成地方的产业出现"空壳"，导致地方原有的产业结构出现转变。

不能否认，"走出去"的必要性有许多经济学理论的支撑。例如法国经济学家弗朗索瓦·佩鲁和瑞典经济学家纲纳·缪达尔分别提出的增长极理论和扩散理论，他们都认为当一个地区经济、产业发展到一定程度后，虽然会逐渐形成一个增长极或经济中心，但由于生产要素的边际回报（Marginal Return）会随之出现递减的现象，从而会导致整体成本上升。

该增长极或经济中心如希望进一步扩充生产规模，则会出现"规模不经济"的问题，在这种情况下，如果产业及生产要素向周边相对落后地区流动，便有可能产生扩散、辐射效应，一方面可拉动周边落后地区的经济发展，另一方面，这些周边地区的经济增长，又能反过来进一步促进该增长极或经济中心的经济发展，逐步形成一个上升的循环累积过程。

这套经济学理论，用中国人都懂的话来描述，那就是可通过先富起来的地区，带动后富起来的地区发展，最终达到共同富裕。笔者必须强调的是，理论并没有错。只是，笔者在此想列举一个香港的例子来说明，理论层面的东西，如果放在现实中去考虑，可能会出现偏差。

自20世纪80年代初，香港制造业开始北上，将劳动密集型的产品或生产工序向生产成本较低的中国内地转移之后，留在香港的企业总部，更多的是扮演推广、统筹、融资和管理等的角色，也就是所谓"前店后厂"的模式。这种模式，导致留在香港的工厂，成了一个不再生产产品、没有生产工序的"空壳"工厂，令"Made in Hong Kong"的产品不断萎缩，"Made by Hong Kong"大幅增加。

从产业结构来看，香港的制造业实际上已经"空壳化"，竞争力剧降。所幸香港"船小好调头"，凭借其独特的区位优势，并在大量国际化专业人才的努力下成功向高端服务业转型升级。纵使如此，制造业的消失，仍然成为香港近年经济的一大困局。

因此，地方政府应当思考，如果推动产业大量迁移、大量"走出去"，万一导致本地的制造业出现"空壳化"现象，有多少个地方能够仿照香港快速升级转型，发展高端服务业或高端制造业？

何况，与只有700万人口的香港不同，拥有超过13亿人口的中国内地，不能都转型发展高端服务业和高端制造业，还必须有大量的制造业存在。我们从外部经验来看，作为世界第一大强国的美国，制造业一直都支撑着美国的发展。

数据会说话，美国在2009年之前是世界第一制造大国，如今美国是世界第二大制造业强国。一个最直观的体现是，在世界500强中，美国企业所占比例超过40%。可口可乐、通用等传统制造业仍占主导地位。美国拥有世界第一的第一产业和第三产业，拥有世界第二的第二产业，由于美国产业结构很均衡和合理，才导致外界忽略了美国强大的制造业。

对此，地方政府未来应当更加注意权衡推动产业"走出去"的利弊，以及塑造均衡的产业结构，避免出现制造业空壳化的现象。

地方政府第二个应当思考的影响是"走出去"会否造成地方的就业结构出现改变，导致中低层就业职位大量流失。

首先，具备"走出去"实力的中国企业，通过向较为落后的"一带一路"沿线国家转移生产工序和劳动密集型的产品之后，中低层的就业职位将逐步遭沿线国家的工人蚕食，原本属于中国工人的就业职位就会大量流失，从而带来失业问题。

其次，"走出去"的中国企业如在"一带一路"沿线国家获得更低的生产成本、本土不具备的竞争优势和更大的市场之后，无疑将越做越强，形成强者愈强、弱者愈弱的"马太效应"，这将容易压缩没有"走出去"的企业，尤其是中小企业的生存空间。

由于中小企业不但提供了全国50%以上的税收，创造了60%以上的GDP，还提供了80%以上的城镇就业职位，因此，中小企业往往是一个国家就业的主体和经济活力的源泉，一旦中小企业遭受冲击，不但影响了解决就业问题的载体，也会削减整体社会竞争力，可能会导致实体经济基础流失，影响整体经济的竞争力。[①]

"既然选择了远方，便只顾风雨兼程"，这只能是诗歌中的

---

① 洪雯，张家敏.港澳研究［J］.2014（1）.

意境。在实际的工作中，地方政府和企业更需要的是瞻前顾后，未雨绸缪。"一带一路"将是未来一个长期的政策，地方在围绕其作规划时，绝不能只看眼前，要多想想未来的路是平坦还是泥泞，综合考虑各种因素，包括如何减轻产业、企业"走出去"对本地产业结构、就业结构的冲击，这样才能少走弯路，更好地推动"一带一路"政策的顺利实施。

中国发展伊斯兰金融有何难关

在中国大力推动"一带一路"倡议的背景下，中国—阿拉伯国家博览会9月10日在宁夏召开。我们知道，"一带一路"沿线涉及许多在伊斯兰国家的投资和融资事务，未来全球第二大经济体与全球最大伊斯兰金融体之间将如何拓展合作，中国的金融体系与正在蓬勃发展的伊斯兰金融如何进一步融通，是一个十分值得关注的议题。

对于伊斯兰金融，不少中国民众比较陌生。近代的伊斯兰金融源于1975年成立的迪拜伊斯兰银行，快速崛起则是在2001年美国发生"9·11"事件之后。其中的主要原因，一是在"9·11"事件之后，不少伊斯兰国家担心存放在美国金融机构的庞大金融资产遭冻结，因此将资产转移至伊斯兰金融机构。二是美国恐怖袭击事件爆发之后，引发伊斯兰身份认同的危机感，众多伊斯兰国家开始回归伊斯兰教义，也极大地促进了伊斯兰金融的发展。三是近年来各种新型的伊斯兰金融商品出现，也加速了伊斯兰金融的发展。

（Kadokura Takashi, Islamic finance is big business,2009）

伊斯兰金融作为一个特殊的金融系统，必须遵守伊斯兰的教义，其中有不少与当前全球金融体系颇不相同的地方，例如禁止利息，禁止投机行为，禁止投资于酒类、博彩业，以及教义不允许的产业和风险共担、利润共享等。

虽然不进行利息交易，但通过伊斯兰金融仍可维持盈利和获取报酬，当中主要是发行伊斯兰债券（Sukuk），购买该债券的投资者，不会有利息收益，而是以投资利得的形式获取报酬。此外，还可采取成本加利润销售型（Murabahah）、租赁型（Ijarah）、盈利分享型（Mudarabah）和股本参与型（Musharakah）等方式，获取投资报酬。

相比西方国家的金融产品，由于伊斯兰金融拥有业务弹性高、风险低、债务与坚实的资产联结，且禁止从事衍生性及投机性交易等优势，因此极大地推动了伊斯兰金融的发展，相关金融机构的资产总额当前已经超过2万亿美元。根据国际货币基金（IMF）、世界银行（World Bank）等机构估计，由于全球有约16亿伊斯兰信徒，当前伊斯兰金融的业务已涵盖超过70个国家，伊斯兰金融规模每年有可能以10%或以上的速度增长，2020年前或将扩展至4万亿美元。

面对如此庞大的市场潜力，除了阿拉伯国家外，英国、新加坡和中国香港等非伊斯兰国家、地区近年来也在大力发展伊斯兰金融，其中虽然取得了不少进展，但也普遍存在以下三个问题。

其一，部分金融机构只是披着伊斯兰金融的外衣。虽然伊斯兰金融包括债券、银行、保险及对冲基金等产品，涉及范围非常广泛，但不少非伊斯兰国家、地区的机构，向伊斯兰投资者提供的金融产品，其实只是将传统金融体系里的产品改头换面，再披上伊斯兰教义专家审定的外衣，并不是真正符合伊斯兰教义精神的创新产品，此举较难获得阿拉伯国家的尊重。

另一让阿拉伯国家不认可的模式，则是一些非伊斯兰国家、地区的传统金融机构，基于营运成本、营运效益的考虑，往往把伊斯兰金融机构附属在传统金融机构之下，这种附属模式导致伊斯兰金融机构无法独立运作，不能完全控制自己的业务、风险管理及运营等事务，因此也较难获得伊斯兰世界的尊重和承认。

其二，伊斯兰金融二级市场的交易不够活跃。在大多数的非伊斯兰国家，伊斯兰金融投资产品在市面上信息贫乏，对这些投资产品陌生的散户，较难获得交易活动如何进行、信息如何发布以及价格披露过程等信息。因此这些产品普遍在二级市场并不活跃，流动性相对较差，譬如由于市面上没有明显的二级市场，伊斯兰债券的投资者向发行人购买债券后，一般上只能持续持有债券，这无疑大大影响了伊斯兰金融的发展。

另一更严重的问题则是，部分国家或地区发展伊斯兰金融，很大程度是为了"刷存在感",并没有考虑该国或该地区的现实情况。有些国家或地区政府拥有大量的财政盈余,并无财政赤字,其实无须发债,而且,本地暂时也欠缺发展伊斯兰金融的文化和人才。这些国家、地区为了踏足伊斯兰债券市场,往往以行政力量主导发债行为,结果政府最终成为这个市场的主要发行者,不但更加难以活化市场和增加市场流通量,还容易成为发展伊斯兰金融市场的障碍。

其三,伊斯兰金融未能与工业相结合。工业是金融业的基础,金融业是工业的催化剂,两者紧密结合,才能达到资源的合理配置。在伊斯兰世界,由于融资、保险、制造和物流等所有环节均注入宗教信仰的元素,从而促使伊斯兰金融和"清真工业"(Halal Industry)相辅相成、相互支持、相互促进。但在不少非伊斯兰国家和地区,往往伊斯兰金融是伊斯兰金融,工业是工业,二者之间甚少有关联,即使是"清真工业"也较少能获得伊斯兰金融的支持。由于从事"清真工业"的企业融资也须符合伊斯兰教义,但在非伊斯兰国家和地区,目前符合伊斯兰教义的融资渠道不但十分有限,企业也缺乏吸引伊斯兰投资者的平台和手段,导致"清真工业"较难通过融资改进产品质量和研发新产品,容易错失发展壮大的良机,反过来又影响了伊斯兰金融的发展进程。

对此,在"一带一路"背景下,中国政府要发展伊斯兰金融,希望避免出现上述非伊斯兰国家发展伊斯兰金融过程中出现的问题，我有以下四点建议。

其一，设立国家层面的伊斯兰金融领导小组。早在20世纪90年代初，英国已开始发展伊斯兰金融，除了商业银行参与之外，英国政府还设立了高层次的部长级伊斯兰金融领导小组，大力推动伊斯兰金融的各项基建工作。

中国政府要发展伊斯兰金融，不仅涉及地方省、自治区，也涉及宗教、民族、教育等的主管部门，以及国家发改委、人民银行和证监会等经济、金融主管机构。要加快推动伊斯兰金融的发展，应考虑成立一个由中央财经领导小组主导下的专门机构，由不低于政治局委员的领导人担任伊斯兰金融领导小组的负责人，对内则要协调各个部门、地方政府来共同推进伊斯兰金融的各项基建工作，严格把关不符合伊斯兰教义的金融产品；对外则应大力向"一带一路"沿线国家拓展伊斯兰债券、伊斯兰银行、投资基金及保险等伊斯兰金融业务。

其二，招募、培养熟悉伊斯兰教义且熟悉金融知识的专家型人才。在伊斯兰世界，凡从事伊斯兰金融业务的金融机构，须有义务成立"伊斯兰教法委员会"，该委员会手握金融产品的生死大权，除需判断金融商品是否符合伊斯兰教义外，同时兼有监督金融机构的伊斯兰金融的功能。

虽然"伊斯兰教法委员会"的成员无须考取执照，但要进入该委员会，不但须精通伊斯兰教义，而且还须拥有专业的金融知识，在伊斯兰国家目前符合该条件的专家仅二三百人，如果再把专家的英语能力列为条件的话，全球可能只有数十人，如果还需要懂中文的话，或许就只有个位数。

因此，所谓"行远者储粮，谋大者育才"，要培养符合"伊斯兰教法委员会"要求的专家，中国人民银行或可参考马来西亚中央银行的做法，设立国际伊斯兰金融教育中心，开办博士课程培训相关专家型人才。

在研究生、本科和专科教育层面，则可借鉴剑桥大学、新加坡管理大学的经验，进一步在大学和硕士课程中加入伊斯兰金融专业，部分香港教育机构，也开设有由英国特许管理会计专业资格和香港大学专业进修学院提供的自费伊斯兰金融证书课程，致力发展本地伊斯兰金融教育，培养伊斯兰金融的各层次人才。

同时，传媒的力量更应被重视，除了加大对伊斯兰金融的传播力度外，还可考虑拍摄与伊斯兰金融题材相关的电影、电视剧，提高民众对伊斯兰金融熟悉程度和兴趣，以紧握住正迅速增长的伊斯兰金融市场的机遇。

其三，参与完善、创新伊斯兰金融系统。作为一个较新的金融系统，伊斯兰金融现存不少问题，中国应根据当前伊斯兰金融的银行理论体系尚未完善、制度仍未健全、管理人才紧缺、运作过程中还存有不足与漏洞等问题，与伊斯兰金融人才携手，共同完善伊斯兰金融系统。

与此同时，中国未来应考虑创新伊斯兰金融系统。研究显示，未来伊斯兰金融市场潜在增长和创新环节，主要集中在伊斯兰国际高净值富翁（HNWI）替代枢纽、包装伊斯兰组合型基金、伊斯兰发售、管理枢纽以及伊斯兰符合教义基建中心等。中国政府只有后发制人，参与伊斯兰金融的完善、创新工作，未来才能更好地与伊斯兰金融系统融合，共同推进伊斯兰金融的发展。

其四，中国政府要大力发展伊斯兰金融，可考虑在西部省份如宁夏、陕西等地，设立伊斯兰金融发展自贸区，在此自贸区内可"先行先试"，例如在所得税、营业税、交易印花税和利息税等相关法例上做出宽免或修改，给予伊斯兰金融一个更为宽松的发展空间。

伊斯兰金融发展自贸区也可为中阿双边投资和贸易融资搭建平台。对外，中国企业可借鉴日本的做法，借助该平台以项目融资的方式，"走出去"向阿拉伯国家进行海外投资。对内，也可通过该平台打造符合伊斯兰教义的综合性、现代化的清真商品生产基地，以打开总人口高达约16亿、总值超过为2万亿美元的清真产品的国际市场。

随中国政府提出的"一带一路"倡议进入实际操作阶段，与投资建设项目配套的伊斯兰融资和投资将会相应增加，中国政府若能通过上述四个方面加快发展伊斯兰金融，通过伊斯兰金融与阿拉伯国家加强合作，对于"一带一路"的建设进程理应大有裨益。

如何通过港澳资源推动"一带一路"战略落实

"一带一路"作为国家中长期发展战略，当前亟须具体的可操作措施和专业化的风险评估。以往港澳地区在海外投资中积累了丰富的国际资源和经营经验，可为成功推动政策带来助力。本文认为，内地可结合港澳地区经验，建立跨界、跨境的"时空集团"，通过各方力量和资源的协调降低"一带一路"投资风险；更可以连同港澳机构，建立一套完整的国际化、高标准的"一带一路"投资及后续服务机制；还可考虑利用港澳的区位优势，设立传媒机构和研究所，长期阐发、宣传"一带一路"理念，推动中国内地企业不但"走出去"，而且更深一步"走进去"和自我提升"走上去"。

国家已将"一带一路"确立为最新中长期发展规划，作为一项攸关全方位对外开放、经济结构转型升级、实现稳定可持续发展成败的新国策，"一带一路"目前亟须规划出具体的可操作性措施。

此外，我们也需要对这项庞大的工程有专业的风险评估，以应对推动的过程中可能遇到的考验。

多年来中国企业的"走出去"进程一直面临不少挑战，目前内地对外投资企业超过一半仍处于亏损状态。由于许多投资项目的经济效益不彰，以国有企业为主体的对外投资行为易被外界视为有政治目的，而以民营企业为主体的对外经济行为又往往面临对投资国环境未有全面审查，对国际投资的游戏规则与市场变化经验缺乏和跨境融资难等问题。

当前国家已经决定设立"丝绸之路基金"及启动成立"亚洲基础设施投资银行"，并准备动用庞大外汇储备，提供巨量资金投资"一带一路"沿线国家的基础设施和第二产业。然而，如果企业海外拓展的盈利能力不能显著提高，则这项庞大的投资将面对回本过程漫长，投资回报率低，部分甚至成为坏账的风险。

而且中国规模巨大的过剩产能能否顺利转移到"一带一路"沿线国家，沿线国家是否有足够的接受和消化能力，沿线国家政局以及对华关系是否能维持稳定，甚至外界对"一带一路"政策是否存有疑虑等都可能极大地影响到投资的效果。再加上中国企业投资"一带一路"国家还须面对欧、美、日等国实力强大跨国企业的激烈竞争，这都可能冲击未来中国企业对外投资进程。

面对上述种种挑战，如果没有具体的、可操作性的应对措施，不但对外投资容易再遇挫折，原本有意"走出去"的企业更会心怀惧意，有可能拖慢"一带一路"的落实。

作为国际自由港、国际贸易中心的香港、澳门地区，过去数十年在"走出去""走进去"和"走上去"历程中，积累了丰富的国际资源和成功的国际经营经验。如果"一带一路"政策能够有机结合港澳地区的资源和经验，将有助于推动中国内地企业增加境外直接投资、开拓海外市场、扩大产品输出、消化过剩产能及突破贸易障碍等国际化进程，为政策的全面、成功落实奠定坚实基础。

设立镶嵌性自主的时空集团

可结合港澳资源和经验，促成跨界、跨境的"时空集团"，推动中国内地企业进一步"走出去"。

过去港澳地区企业在"走出去"历程中，也曾遭遇与上述内地企业相似的挑战，部分企业也有过如香港雅佳公司收购外国制造企业胜家后运营不善导致破产的失败教训，但更多的是如和黄、利丰等大企业及澳门彩虹集团、香港陆氏实业、运年表业集团等众多中小企业的成功案例。

许多港澳企业"走出去"之所以成功，除了企业决策者本身拥有国际视野，具有制定与实践海外投资战略的丰富经验外，更多的是借助港澳地区由政府、半官方机构和各大商会组成的"三位一体"、群策共生的力量，避免了单打独斗。

以香港为例，香港实质奉行的是"有导向的自由贸易"主义，由政府引导经济和企业发展大方向；半官方机构如贸易发展局、生产力促进局等扮演"探射灯"角色，集中力量于国际贸易协商和市场拓展；中华厂商联合会、香港工业总会等各大商会则弥补政府部门和半官方机构不足，通过分析研讨会、实地调研考察等方式，为会员提供新兴市场详尽的投资指南，以及提供包括会员企业在对外投资中有关金融、基建、商贸等各方面的具体需求的服务。

港澳地区这套"镶嵌性自主"（Embedded Autonomy）的机制运行多年，官方和民间协调互动（镶嵌性）的合作行之有效，欧美许多国家，还有日本等也有类似机制。

在"一带一路"的背景之下，国家有关部门也可以考虑借鉴这套机制。针对"一带一路"中某些重点的国家、产业和项目，可考虑在香港或澳门地区组建一个或多个"时空集团"（Time-Space Envelope）。

所谓"时空集团"是着重地区性合作的跨界、跨境的合作组织，过去二十年来被用以概括东南亚地区和欧盟中部分国家的合作模式。"一带一路"下的"时空集团"，可由中国内地、港澳地区的相关官方部门、半官方机构、银行、基金和商会等组成，三地相关民营企业共同参与的一个战略网络和投资平台。这种方式除了能够在生产要素进行互补、加强分工之外，还可互相连接、互相协调和互通有无，以此推动中国内地企业更加顺利"走出去"。

在具体操作中，一方面"时空集团"的参与者可在港澳地区成立针对特定国家、产业和项目的专项海外投资基金或投资机构，通过中国内地参与者自身的资源，结合港澳地区熟悉国际市场规则、具有丰富国际投资经验、信息发达等对外投资的先发优势。除了可以用"港澳元素"淡化国家色彩外，也有助于解决中国内地企业"走出去"过程中不大了解国际市场规则、跨国语言和文化差异等问题，以提高中国内地企业"走出去"具体操作的规范性，以及降低投资风险。

另一方面，未来"时空集团"的中国内地企业参与者尤其是中小企业参与者，除了可在"丝绸之路基金"和"内保外贷""跨境融资"等平台进行融资外，还可通过作为国际金融中心的香港进行融资。香港在整个"一带一路"辐射的区域均具有显著的金融比较优势，完全可以打造成中国内地企业对外投资中融资的另一主渠道，为中小企业拓展融资渠道，降低融资成本。

与此同时，作为国际风险投资中心的香港，还能为中国内地中小企业提供国际标准的金融、设计、市场和后勤服务，并可协助这些企业引进国外资金、技术、管理甚至是战略投资合作伙伴，以此增强中国企业"走出去"的融资能力和投资运营能力。

创建符合国际标准的投资机制

可结合港澳资源和经验，建立起一套完整的国际化、高标准的投资及后续服务机制，推动中国内地企业深入境外市场，真正

"走进去"。

在对外投资过程中，由于不少"一带一路"沿线国家与中国的产业结构相似，双方贸易竞争较强，中国过剩产能进入这些国家较为困难。加上欧、美、日的跨国企业对投资沿线国家兴致勃勃，中国企业会遭遇强劲竞争对手。在过去的经验中，部分沿线国家政府更迭后，甚至轻易推翻与中国企业签订的合同。

面对上述挑战，一方面，建议中国内地企业可联合具备一流国际服务水平的港澳企业共同走出去，除了投资于基建等"硬件"外，更为沿线国家提供高标准、高效益、高附加值的服务"软件"，让沿线国家依赖、离不开中国企业的投资，欢迎中国企业的投资。

具体而言，例如中国在对沿线国家进行高速铁路、机场和港口等基础设施建设时，可联同香港的港铁公司、机管局、港口营运商和澳门的休闲旅游业经营者共同"走进去"。

虽然港澳企业并不擅长修建大型基础设施，但在运营、服务上却有各自的独到经验。香港港铁公司在车站管理、车站设计的便利性上有口皆碑，其车站上盖的房地产综合发展的模式更让港铁成为全球极少数盈利的公共交通系统。香港机管局在机场设计、航班管理和高效运作等服务的模式也早已达到国际一流水平。作为国际航运中心，香港的港口运营商在码头建设、航运调配和国际物流方面，澳门的休闲旅游业经营者在城市整体旅游规划方面，都拥有丰富经验，甚至比欧、美、日国家的同行有过之而无不及。

再加上港澳这些机构多有和中国内地长期合作的成功经验，因此三方可以通过强强联合，共同"走进去"沿线国家，除为这些国家修建基础设施服务之外，还提供高质量、超国际水平的配套服务，为所在国创建高效率、高经济收益和国际水平的基础设施和休闲旅游设施。这除了可令投资所在国食髓知味，不会轻易放弃与中国企业的合作外，也能在建设沿线国家基础设施中凸显中国特色，创造出具国际一流水平的"中国标准"，在与欧、美、日的跨国企业竞争中不处下风，让中国企业不但可以"走出去"，还能真正"走进去"。

另一方面，一般港澳企业在"走进去"投资国时，极少有合同被无故撕毁的遭遇。这是由于港澳地区作为开放、成熟和国际化的城市，除在政治、法律、经济、市场等领域都与国际接轨外，还拥有大量国际一流的法律、会计、金融等专业人才，可为企业对外投资提供专业风险评估和法律保障。港澳企业大多也非常遵守专业化原则，对外投资均采用符合当前国际标准的模式。

因此，在对外投资新机制的制定和推行过程中，国家有关部门可邀请港澳企业更多参与对外投资机制的设计和规划，摒除部分中国内地企业采用依靠"人际关系"、黑箱作业等的对外投资手法，借鉴港澳机构和企业经验，与所在国政府在国际法律体系之上建立透明、可信任的专业化、正常化对外投资合作模式，创建行之有效，符合甚至超过国际标准的对外投资新机制。

设立传媒机构研究所宣扬理念

可利用港澳资源和经验，设立传媒机构和研究所，长期阐发、宣传"一带一路"的理念，推动中国内地企业进一步"走上去"。

众多港澳企业的对外投资，之所以能够成功"走出去""走进去"，而且还能提升地位"走上去"，被投资所在国视为本土企业，一大重要因素就是擅长与投资所在国的政府、媒体和公众打交道，有清晰的投资理念，更树立了正面、良好、负责任的形象，为自身赢得相当友善的投资环境。

这正是不少中国内地企业所欠缺的，尤其是不少沿线国家对中国实施"一带一路"倡议存有较多疑惑的背景下。因此，建议中国内地可在港澳地区设立与"一带一路"相关的传媒机构、研究院，以及鼓励和资助内地机构在香港设立智库总部和建立智库分库，宣扬"一带一路"倡议的理念，为中国内地企业"走上去"营造有利环境。

在港澳地区设立传媒机构方面，港澳地区尤其香港是国际传媒机构的亚太总部所在地，国际传媒人才济济。国家有关部门可结合港澳地区的有关机构，可以考虑在港澳地区成立全新的传媒机构，通过全面聘请在港澳地区的国际一流传媒人才，以中国的视角通过国际语言和国际化视野，排除西方语系、西方话语权的干扰，向沿线国家宣扬"一带一路"和平发展、经济互融和互信包容的理念，消除沿线国家和国际社会对"一带一路"倡议的疑虑和接纳、参与推动"一带一路"的顺利实施。

在港澳地区设立研究院方面，建议内地有关部门和大学与港澳地区的大学合作，通过港澳地区的国际化、专业化等优势和便利条件，淡化国家、政治色彩。例如，可在港澳地区设立"一带一路"研究院，除了招收中国内地、沿线国家的留学生，培养建设"一带一路"的人才之外，更面向沿线国家的政府官员、商贸人士开设高级培训班，进一步解读"一带一路"倡议的内涵和理念，以及提供交流、找寻商机和商贸合作的平台。

鼓励和资助内地机构在香港设立智库总部和建立智库分库方面，这些智库可通过与传媒集团、研究员有机结合，并进一步与港澳本地智库、国际智库的接触和沟通，加强宣扬"一带一路"政策和理念，并充分利用港澳地区的优势和平台，为"一带一路"进程中的各类议题建言献策。

各项规划先周边后沿线各国

"一带一路"倡议体系宏大深远，落实各项措施需经数年乃至十数年，因此，无论是在港澳地区设立镶嵌性自主的"时空集团"，还是创建符合国际标准投资机制和设立传媒机构研究所宣扬理念，均建议先从周边重点国家、重点产业和重点项目进行试验，在过程中总结经验，不断完善，之后再逐步推向"一带一路"沿线各国。

总而言之，国家在推行"一带一路"过程中，如能充分利用港澳地区的经验和资源，通过港澳地区的桥梁、中介作用，让三地互联互通、充分合作，将可拓展与沿线国家的合作，推动"一带一路"进一步成功落实。与此同时，"一带一路"也将为港澳地区带来更多经济活力的商机，促进港澳地区的发展和繁荣。

深港通核心不在"通"而在"融"

在"一带一路"背景下，深港通除了有利于粤港跨境人民币业务双向流动，打通粤港两地的离岸和在岸人民币业务外，粤港两地未来还可在这个基础之上，携手合作走向"一带一路"沿线国家，推动人民币走向国际的同时，还可探索出离岸人民币如何正常回流的更完善机制，这也对人民币国际化将大有裨益。

2015年初到深圳考察的国务院总理李克强，曾在当地强调"沪港通后应该有深港通"。他这句话显然引发了市场极大关注，同时也带动了相关概念股大涨。不过，实际上我认为"沪港通后应该有深港通"既在外界的意料之中，也在意料之外。

所谓在意料之中，那是由于虽然深港通方案暂未获批，但该方案"出生日期"比沪港通还要早，而且无论是深圳还是广东政府一直都在积极推动。再加上沪港通开通之后，深圳与香港之间的深港通已不存在技术上的问题。而且，目前沪港通运行平稳、顺畅。因此，我相信"深港通"也将非常顺理成章地开通，沪深港股市互联互通的大时代很快就要来临。

所谓意料之外，那是因为"沪港通后应该有深港通"竟然是由李克强口中说出，那么，这意味着未来的深港通将不仅是简单仿照沪港通按部就班开通，而是肩负有更高的要求和更多的任务。

我预料，未来深港通的核心不在于"通"，而在于"融"，也就是说，不仅仅是深圳、香港两地股市的互联互通，更是两地在金融、会计、法律等众多高端产业乃至相关制度方面的全面融合。大家知道，深圳与上海最大的不同，是深圳本身就紧贴香港。从这个角度来说，我相信前海将首先凭借地理优势和制度上的"先行先试"与香港融合，并逐渐为后者高端服务业的发展打开更大的腹地，最终目标是实现深港甚至整个粤港地区的融合。

我也相信，深港只有"融"，才能更符合深圳、广东和香港未来的发展，也才能摸索出比沪港通更多的实践经验，以此为中国内地进行股市改革、金融改革乃至人民币国际化进一步向前推进服务。

不难预计到的是，由于深港通的后发优势，首先必将会给深圳股市乃至深圳经济带来新的生机。其一，深圳股市可在海外资金涌入刺激下迎来一波上涨行情。其二，深港通可先在前海运行，通过市场运作机制、监管机制等多方面的特事特办，先试先行，推动中国内地资本市场深化改革。然后，随着深港两地股市的融合，将推进深港一体化向前发展。同时，深港通也有利于粤港跨境人民币业务双向流动，不但可以加强香港作为最大的离岸人民币中心的地位，也有利于深圳乃至广东的跨境人民币业务。

而且，虽然比起上海交易所来说深圳交易所规模稍小，但民营企业与中小企业较多。深圳成指平均市值为13亿美元，大多为科技、酒类、消费与医疗保健，在深圳上市的有活力的企业比上海更多。如果投资人想找中、小型或是成长的大型股，就必须到深圳去找，从深圳股市挖到"宝"，会比在上海股市有更不错的回报。因此，可以说如果要寻找中国的下一个投资亮点的话，那就非深圳莫属。

中国证监会此前已经公布意见，支持前海在资本市场领域开放创新发展，意味着深港融未来将在前海先试。在广东方面，由于深港通未来将先在前海运行，深港两地届时可通过市场运作机制、监管机制等多方面的特事特办、先试先行之后，再将成功经验推广至广东省，广东省可通过深港通这个契机以及参照前海先行先试的经验，推动珠三角地区与香港建立区域金融中心，在南少和横琴乃至广东各市进行粤港金融创新合作，推行更加开放的金融政策，以此推动广东的金融发展。

而且，在"一带一路"背景下，深港通除了有利于粤港跨境人民币业务双向流动，打通粤港两地的离岸和在岸人民币业务外，粤港两地未来还可在这个基础之上，携手合作走向"一带一路"沿线国家，推动人民币走向国际的同时，还可探索出离岸人民币如何正常回流的更完善机制，这也对人民币国际化将大有裨益。

深港通对香港更有非常重大的意义。随着沪深港股市互联互通的大时代的来临，既可以促使深港乃至粤港进一步融合，也将令香港的人民币离岸业务由过去主要集中于银行业领域，进一步扩展至资本市场，有助于发展香港作为人民币离岸中心的地位。

此外，中外投资者的资金通过沪港通、深港通"停泊"在香港之后，不但可以拉抬香港的股市，也可壮大香港人民币的资金池，也可大步推进香港发展为亚太区域的财富管理中心的步伐，这不但能为各国民众尤其是中国内地民众积累和继续增加财富开辟新出路，更能进一步巩固和发展香港作为世界第三大国际金融中心的地位。

总而言之，沪港通之后，深港通更值得大家期待。这对普通民众而言，深港通所带动的概念股，更是个非常值得考虑的投资方向。

"一带一路"需港深交易所

在"一带一路"倡议的背景之下，除了"深港通"之外，未来香港和广东应以更加创新的精神和创业的态度来拓展合作领域。当前深港资本市场互联互通已箭在弦上，两地更可利用双方既共通又互补的金融优势，向前一步，考虑在深圳前海地区共创一个"港深交易所"。

粤港合作说了许多年了，香港和广东未来到底要如何进一步深度合作，相信是各界人士非常关注的话题。

在2015年3月，国家发改委、外交部、商务部联合发布的《推动共建丝绸之路经济带和21世纪海上丝绸之路的愿景与行动》文件中，提出要打造"粤港澳大湾区"。广东省日前公布的《广东省参与建设"一带一路"的实施方案》中，也提出要"突出粤港澳合作"。

但是若仔细观察两份文件的相关内容，两地未来的合作仍然集中在物流、航运、金融和专业服务等领域，这些内容，过去无论是CEPA（《关于建立更紧密经贸关系的安排》之英文简称），还是自贸区均已有涉及，如今在这些领域继续加强合作虽未尝不可，但略显新意不足。

在"一带一路"倡议的背景之下，未来香港和广东应以更加创新的精神和创业的态度来拓展合作领域。当前深港资本市场互联互通已箭在弦上，两地更可利用双方既共通又互补的金融优势，向前一步，考虑在深圳前海地区共创一个"港深交易所"。

笔者建议，该交易所可考虑由港深两地交易所共同出资、共同经营和管理，在交易所的规则、制度和技术等设置上进行创新，当中既采用内地和香港股市现行的标准，又吸纳美国交易所或欧洲大型交易所的规则，通过这种中西结合的方式来创建新交易所。同时，"港深交易所"可与"一带一路"沿线国家的交易所进行"互联互通"，在"港深交易所"上市的企业，也能在沿线国家的交易所同时上市。

该交易所的标准，既要能"接地气"，无须过于"高大上"，又要有创新，以"不管是土猫、洋猫，能抓耗子的就是好猫"的态度，在顾及中国现实情况的同时，汲取欧美交易所的精华，创建一个崭新的交易所。

两地若能共建此新型交易所，应该是港交所、深圳前海地区所乐见，也应是双方希望促成之事。而且，未来香港、深圳、广东甚至包括全国都能在三方面大有受益。

第一方面，新兴交易所应采取当今国际上有利于创业企业上市的条款，这将有助于吸引更多的中国企业前往上市，避免"墙内开花墙外香"。

目前无论是港股还是A股市场，受限于现有的规则、制度，导致阿里巴巴、百度等大型公司转往美国上市，令人惋惜。再加上日本、新加坡和中国台湾等交易所，都计划推动类似沪港通、深港通的互联互通机制，致力横跨东亚、东盟国家及大中华市场，以抗衡沪深港三市联合带来的冲击，并争夺更多市场份额。

新型"港深交易所"的出现，可以吸纳原本计划前往美国上市的中国企业，以及已在美国上市有意回归的中国企业转往新交易所上市，这无疑可巩固和进一步发展香港、深圳的金融地位和市场份额，同时也能为深港、粤港在未来的深度融合上，探索出一个创新的合作模式。

第二方面，全新、开放的上市平台以中国为纽带，可深化各国商界的关系和经济的联系，将有助增加"一带一路"沿线国家对中国的认同。

随着全球各国金融系统趋于互联互通，金融语言已渐成为国际共同的语言，各国民众对企业上市，股价、股市的波动等共同的体验，已产生了具有广泛认同性的"通感"。在这种"通感"面前，不同的语言、风俗、民族和国籍都不再是界限。

在中国未来与"一带一路"沿线国家金融领域的合作中，"港深交易所"不但可以给沿线国家的企业，以及前往沿线国家投资的中国内地企业、香港企业多一个可供上市的交易所，更会增加沿线国家的民众、投资者这种"通感"，以金融语言的方式"润物细无声"般地增加与沿线国家的沟通。

第三方面，深港新的金融平台，也将加强深港、粤港乃至内地和香港的金融融合。

采取新规则，更能与国际市场接轨的"港深交易所"，有助于深港扩大融合的深度和广度，可探索的领域将比"沪港通"及"深港通"更多。这既能为中国内地民众及"一带一路"沿线国家的民众积累和继续增加财富开辟新出路，也能推动中国在金融、会计和法律等众多高端服务业乃至相关制度方面与国际市场全面对接，以此为中国内地进行股市改革、金融改革进一步向前推进服务。

建立全新的"港深交易所"，符合国家主席习近平提出的前海应"依托香港、服务内地、面向世界"的要求，也对香港、深圳乃至全国金融的发展、经济的发展有益。但是，必须承认的是，创建"港深交易所"说易行难，不但需要港交所与前海地区共同努力，也需要香港与深圳、广东，乃至人民银行、证监会等部门的通力协助，以及得到各界的认可和共识，才可成事。"港深交易所"最终能否成事，让我们拭目以待。

香港不必为亚投行"双总部"孤注一掷

"不要问你的国家能为你做些什么，而要问你能为国家做些什么"，这是美国前总统肯尼迪就职演说时所说的一段话。香港特区政府与其把经济的发展寄希望于中央政府的支持和内地省市的配合，与其喋喋不休强调旧有优势，不如主动地、积极地在国家仍比较薄弱的领域给予国家支持和帮助。"欲将得之，必先予之"，这不但是中国人的传统智慧，相信也是一个各国都认同的普世价值。

2015年中一些香港媒体报道，有舆论建议亚投行应设"双总部"，除了北京之外，香港应争取做另一总部。2015年7月9日香港特首梁振英也指出，他已向中央政府争取亚投行在香港设立总部，以利用香港完善的司法、金融体系推动亚投行的各项建设，香港也可借此把握住"一带一路"倡议的机遇，进一步巩固和提升香港作为国际金融中心的地位。

　　我对任何有利于中国内地、香港发展的建议均表支持，也乐见其成。但香港若要向中央政府争取设立亚投行另一总部，有内外部两个问题需要慎重思考。

　　在外部方面，香港争取成为亚投行"双总部"之一，或者地区总部的最佳时机已经错过了。亚投行总部已确定在北京设立，居于地区平衡、外交层面及为获得更大认受性的考虑，无必要再在中国的城市设立地区总部。

　　而且，由于亚投行未来所服务的国家，主要是亚非洲一些发展中国家，此类国家向来与香港交往不多，双方均甚为陌生；亚投行涉及的贷款、融资项目主要是基础设施建设的项目，香港业界过往对此类贷款、融资项目参与的经验也不多。因此，未来亚投行若真要再设立地区总部，很可能设立一个总部在其他亚洲国家，例如印度尼西亚的雅加达、泰国的曼谷等城市，另一个则设立在欧洲国家，例如英国的伦敦，这些城市在投融资、财资管理、纠纷解决和地缘政治等多个领域，能够发挥比香港更大的作用。

　　在内部方面，这一建议也未必很受香港全体市民欢迎。已有研究显示，亚投行在北京西城区设立总部之后，有可能将为该区增加超过5000名常住人口，这些前来亚投行总部工作的外国人员及其家属，对西城区的交通、住房、医疗和教育等领域将带来不小的压力。如果香港设立亚投行地区总部，也将面临此类的负担压力，香港社会能否配合特区政府一起把握亚投行机遇，也很成疑问。

无论是香港希望设立亚投行地区总部，还是希望在"一带一路"倡议背景下获得更多的政策支持，除了要争取负责港澳工作的中央领导人、部门的支持外，可能还要主动寻求推进"一带一路"建设工作领导小组组长、副组长们的配合，尤其是要进一步与国家发改委、商务部、外交部和中联部等主要负责部委，以及中央党校、国家开发银行等机构进行更加紧密的沟通、协调和咨询，才更有利于推进香港在亚投行、"一带一路"中的工作。

　　大家也必须清楚了解到，作为中国一个比较特殊的地方政府，香港现在要向中央政府"拿政策"，即使是能够互利互惠的政策，有时候往往比内地不少省份都要困难。香港要得到各地方政府配合，各地政府基于本地的利益考虑，也是阻力不小。香港特区政府对此应该要有更加清醒的认识。

　　鉴于此，香港与其伸手"求"，不如考虑先主动"予"，这样或许更能发挥香港在亚投行、"一带一路"倡议中的角色。

　　我在香港的调研中发现，虽然香港特区政府、社会各界对"一带一路"倡议非常热心，但却普遍对国家领导人发布的有关"一带一路"的具体内容关注不足，尤其是大多忽略了习近平主席今年3月在博鳌亚洲论坛主旨演讲中提及"我们要积极推动构建地区金融合作体系，探讨搭建亚洲金融机构交流合作平台"等内容。

　　在2013年4月，习近平主席就曾在博鳌亚洲论坛主旨演讲中表示，"中国将加快同周边国家的互联互通建设，积极探讨搭建地区性融资平台，促进区域内经济融合，提高地区竞争力"。其后，中央政府相继推出"一带一路"、成立亚投行和创建丝路基金等倡议。由此观之，习近平主席今年在博鳌亚洲论坛提出"搭建亚洲金融机构交流合作平台"，是否有所指？

香港特区政府及相关业界与其在亚投行总部问题上向中央政府提出要求，与其继续在"离岸人民币服务中心"上过多纠缠，不如更进一步，先行主动、深入及尽早研究习近平主席发言的内涵，在有关如何促进与人民币相关的各项金融改革和开放，如何建立以人民币为主导的区域性货币体系，如何改革国际货币金融体系，如何消除国际金融体系的脆弱和不稳定性等问题上，给予中央政府更多、更有益的建议，以寻求在未来的"亚洲金融机构交流合作平台"上发挥更大的作用。

另外，不少外国政府、商会和企业，由于习惯使然，更愿意通过香港来了解中国内地的政策。因此，不少外国官员，商会、企业负责人也是通过香港各界人士和媒体来了解"一带一路"倡议内容的。

但遗憾的是，不少香港特区官员、商界人士和学者，对"一带一路"了解并不深，不少人会将"一带一路"称为"一路一带"，或者在使用带有军事色彩的"战略"的词汇来描述"一带一路"倡议外，更有人将其理解为中国是要"另起炉灶"，是为挑战由美国主导的国际秩序和国际金融体系，为中国推行"一带一路"的国际舆论环境带来一些负面影响。

因此，香港特区政府、社会各界未来应更加深入地了解、认识"一带一路"的内涵，避免一些常识性的错误。

如果再进一步，香港有关的机构可以考虑主动结合"一带一路"的内容，在经济、文化和影视娱乐等"软话题"上积极展开海外传播，这不但能为中国的"一带一路"倡议营造更加良好的国际舆论环境，也能为香港希望打造"一带一路"人文交流中心、人才培训基地奠定深厚的基础。

"不要问你的国家能为你做些什么，而要问你能为国家做些什么"，这是前美国总统肯尼迪就职演说时所说的一段话。香港特区政府与其把经济的发展寄希望于中央政府的支持和内地省市的配合，与其喋喋不休强调旧有优势，不如主动地、积极地在国家仍比较薄弱的领域给予国家支持和帮助。"欲将得之，必先予之"，这不但是中国人的传统智慧，相信也是一个各国都认同的普世价值。

那么，"一带一路"下，香港如何先"予"呢？香港特首梁振英2015年3月27日下午出席2015博鳌亚洲论坛，发言中他再次力证"一带一路"倡议下香港的作用。

他表示，香港作为国际金融中心，加上地理优势，金融体制独立，资金自由进出，成为人民币离岸中心，在"一带一路"下，香港可作为超级联系人；在商贸、金融和其他经济活动方面，香港都可利用"一国两制"优势发挥作用，尤其是在筹建亚投行和以金融

业引领"一带一路"战略方面，协助内地经济发展走进国际，同时
也会给香港自身带来重大机遇。

香港财政司长曾俊华在2015年初也曾表示，香港政府已经展
开这方面研究，他个人则正在筹划近期带同商务团出访"一带一
路"沿线国家，与当地政府启动促进贸易与投资的安排，为打开
这些新市场做好准备。

利用香港最显著的金融业优势参与"一带一路"倡议，这自然
是个顺理成章的计划。笔者曾在上文指出，香港在该战略中其实还
可以担负起更重要、更深入的工作。长期作为国际自由港、国际贸
易中心的香港，过去数十年在"走出去""走进去"和"走上去"
历程中，早已积累了丰富的国际资源和成功的经营经验，完全可以
融入这一政策部署之中。

**附录：笔者接受香港大公网的专访：香港还应怎样成为"一带
一路"的超级联系人？**

主持人：我们不得不去正视一个问题，这些年我们频繁听到
香港守成有余，但是创新不足。对于一个国际化的大都市，这个
评论好像不高。

梁海明：过去三四十年，每隔几年香港经济社会都会发生一
些比较大的波动。我们可以数一数。首先是2014年的年底，香港的
社会出现了一些混乱；2008年出现的环球金融危机，冲击了香港的

金融市场；2003年发生了"非典"，影响了香港的社会经济民生；1997年是亚洲金融危机，又冲击了香港。过去这三四十年，你就会发现，香港每隔七八年都会出现一些问题。但是出现问题之后，经过两三年的调整，它又会重新起飞，我们说这是香港的宿命。这是第一个历史的发展规律。

第二个，香港未来包括这一两年都在大力地发展离岸贸易。所谓的离岸贸易就是总部在香港，他们通过对外投资，投资欧洲，投资拉丁美洲，投资东南亚等一些区域，然后把那里的利润带回香港。例如力帆集团，在全球各地六七十个国家都设有厂。例如我要造一双鞋子，我就会通过全球配制，哪里的鞋底比较便宜，哪里的皮比较便宜，然后把组装放在某个地方，通过哪个厂来组装，运到目的地哪里最近。通过电脑配制，按照最省钱、最快速、最便捷、交通最方便的方式运到那里，就节省了很大的成本。这个就是我刚刚说的供应链管理的枢纽。

主持人：这也是一种创新。

梁海明：这也是一种创新。另外，离岸贸易，就有点像李嘉诚，他是投资欧洲的企业以后把投资所赚的钱、所收入的利润汇回来，带回来香港，因为香港的税很低。这种情况下，会为香港创造一个大的财务，而这种趋势，内地的舆论就说，李嘉诚是撤资。但在香港人看来，李嘉诚是打造一种新的发展模式。未来香港的越来越多的一些企业，尤其是大的企业，他们会逐步往这一块发展，把香港建成一个新的亚洲的贸易中心，甚至是全球的供应链的管理中心，或者管理枢纽。

主持人：面对着"一带一路"这样大的宏观经济合作倡议，您认为香港在这个时期能不能担起发挥重要作用的角色？

梁海明：特区政府可能在"一带一路"上做的东西不大多，或者把路扩宽一点，更多的是在企业方面如何去操作。企业方面在操作上确实有很大的发展潜力和操作的空间。例如，前几天我去了香港的工业总会那里调研，很多外国的商家，包括外国的一些财政部，或者商务部的官员，甚至部长，他们去拜访香港的工业总会，或者是香港其他的商会，他们就想希望通过这个商会，帮他们打开中国的市场。另外，是通过这个商会更好地向中国内地的企业介绍"一带一路"沿线国家的情况，还有一些投资的项目。就把香港当成中介的角色，所以特首说超级中介人，这个角色香港的未来可能会发挥得更加好。因为很多沿线的国家，"一带一路"的沿线国家，也就我们所称的丝路国家，他们对中国内地的了解是远远不如香港多的，而中国内地对世界了解又远远不够香港丰富。这种情况下，香港这种特殊的地位、特殊的角色就能带动双方的更好的了解。中国内地企业完全可以和香港的企业一起结合，再加上一些基金，加上一些投融资的机构，这样无论是量产也好，项目也好，人才也好，都足够了。大家再一起走出去，这样可能就会减少很多风险，也减少一些走出去的成本。

主持人：在发展"一带一路"的过程中，政策可能是一个先行者，先是政策上的沟通，但最终的实践者有可能就是我们的企业。所以，两位认为什么样的企业适合走出去，如何能够在走出去的过程中走得更顺、更远，而且还能够赢得更好的发展？

梁海明：有两种企业他们是愿意走出去，也是一直想走出去的。第一种，就是他们面临的"三荒二高"，就觉得在中国国内实在没办法办下去了。"三荒二高"，就是人荒，钱荒，电荒，请不到工人，自己的资金又出现问题，又老是停电。二高，就是高成本，高税率。税收增高了，然后工人成本、水电都高了，就觉得在国内发展不下去，这个时候，可以考虑去一些发展中国家。第二种可以走出去的就是我们的一些央企，或者是特大型的民企。

主持人：听这么说，我是不是可以理解为一种是国内的企业所面临着"三荒两高"的情况，被迫走出去，而另外一种确实因为自身强大了，有能力主动地去扩展海外的市场。乐迪怎么看梁老师刚才的观点。

……

主持人：所以在发展"一带一路"的过程中，我们作为这个倡议的倡导国，其实心态非常重要，尤其是我们在走出去的过程中，不是我们不要的才给你，而是结合当地情况，你们需要，我们确实有这方面的能力给你，所以这是一种心态上的调整。

梁海明：香港"走出去"可能还有一个优势，就是可以把中国的美食介绍出去，我甚至提议说，孔子学院未来应该改成中华食府。我有一个研究发现，当一个国家的人均GDP在1.5万美元或者以上，他们的产品、他们的文化、他们的饮食走出去，是比较顺畅的。因为你的国家这种GDP达到这个总量之后，世界上很多国家，就会认为你这个国家可能经济好了，开始对你产生一些崇拜，一些向往。这样你的产品走出去，尤其是饮食方面走出去，他们就觉得吃你的这个国家的食物，可能会更觉得"高大上"。

所以中国以后的"走出去"，在"一带一路"沿线国家中，可能要考虑把这个饮食、美食走出去，而香港在这一方面做得非常成功。以后可以通过香港，再把一些菜系，不仅仅是潮州菜，或者是粤菜，或者生猛海鲜，把更多的菜系通过香港的包装，慢慢地再走向国际，以后，孔子学院可能就不仅仅宣传中国传统的文化，还能进一步宣传中国的美食。我一直认为美食是一种国际语言。

主持人：您从更加具体的一个产业方面给我们展示了香港的优势。

梁海明：以后如果大家都依赖上中国食品，某一天打仗的时候，中国餐馆关门，不送外卖，那其他国家还打什么，都没有菜吃了。所以美食是一个洗脑的过程，我吃你美食的时候，你让我恨你我也恨不起来，没吃的时候恨，吃的时候觉得挺好吃。

内地与香港还会有啥经济合作

> "一带一路"背景下，内地与香港未来更加"风雨同舟，命运相依"。而且，两地只有互相融合、互相支持、互相促进和互相取长补短，才能更加发挥出两地的优势，从而促进两地产业升级，共同踏上发展新台阶。

在2014年年底由香港前特首、全国政协副主席董建华带队，成员包括李嘉诚、李兆基和郭鹤年等顶尖富豪的香港工商专业界访京团，在北京获得国家主席习近平接见，规格之高，一时无两，令各界瞩目。

如果我们不去深究其他问题，仅仅是关注经济层面的话，这次会见将会如何促使中国内地和香港的进一步经济合作呢？

在这里我们可以先看看一些习近平主席接见香港工商专业界人士的细节。习主席当时在与访京团全体成员在北京人民大会堂北大厅大合照前，先是与多名访京团成员一一握手，习近平除了与长实集团主席李嘉诚紧握双手致意外，当走到91岁高龄的嘉里集团主席郭鹤年面前时，习近平不但与他双手紧握，还亲切地说："郭先生来了，身体还是非常好，非常好。"大合照就座时，习近平位居前排正中，其右边依次是董建华和李嘉诚等人。

而在会见之时，由于访京团员多达70人，要分四排而坐，第一排备受瞩目。董建华坐在习近平左侧，而在董建华一旁、位列最前排的访问团代表，依次为李嘉诚、李兆基、郭鹤年、吴光正、吕志和、郑家纯、李国宝、何柱国和黄志祥。

被安排坐在第一排的团员，除了李国宝、何柱国外，其他的都是香港最具影响力的顶尖地产商，同时也是香港股市中的顶尖上市公司。

中央政府为何要做出这种安排呢？我认为，这是因为要继续维护香港的繁荣稳定，除了中央政府在各项政策继续优惠香港外，香港经济发展还要依靠香港的富商。

香港虽然连续多年被评选全球最自由经济体，但香港产业、社会和经济发展，主要还是由被称作"经济教父"的香港几个主要顶尖富豪主导和推动，甚至中国经济的发展，以及引进外资投资中国，这些富豪们也功不可没，因此中央政府对这些顶尖富豪们的到访非常重视。

虽然香港拥有极佳的地理位置，以香港为中心，7个小时的航程内有全球超过55%的人口，而且还身处全球经济发展最快的地区之旁，但是，这并不意味香港的发展就如一直向前。香港经济学家雷鼎鸣早前指出，所谓不进则退，一个国家衰亡或一个城市败落，在历史上随处可见。

例如身处欧洲的威尼斯，虽然如今仍然是国际旅游中心，但在数百年前，威尼斯曾是西方国家最重要的国际经济中心，地位犹如现今的纽约，不过，自从南非的好望角的航道被发现后，威尼斯的重要性已一落千丈。这又如福建的泉州市，曾是世界上最重要的造船中心，郑和下西洋的船队在此出发，但后来明、清朝的"禁海"政策，对泉州带来致命打击。

曾是亚洲"四小龙"之首的香港，如今发展也是停滞不前，中央政府要继续维护香港的繁荣稳定，以及中国经济的高速发展，除了需要香港顶尖富豪们的鼎力支持、合作之外，我预料这次中央政府最高规格接待香港超级访京团之后，尤其是在"一带一路"的背景之下，中国内地与香港之间未来将至少加强以下几项经济领域的合作。

其一，加强中国内地和香港的深度金融合作。

在中央政府眼中，香港既能汇聚国际资金，国际化经验与监管水平又仍然领先上海、北京等城市，加上香港已经回归，中央政府对香港的信任程度要远高于其他国际金融中心，中央未来无论是要推动资金对外开放、企业"走出去"，还是要进行股市改革、金融改革，都会不断以香港作改革试验田，都必须借助香港的力量。

例如，在2014年10月底开通的"沪港通"，以及未来将会开通的"商品通""深港通"，不但可以有助于香港发展和巩固人民币离岸中心的地位，对中国内地也大有裨益。这是由于内地要进行汇率改革，人民币要国际化，必须开放资本账，容许内地与香港股票互通买卖，就是当中的一步，不踏出这步，要往下走就会寸步难行。而且，随着民众的财富增加，要积累和继续增加财富，受限于内地投资选择不多，互联互通也可以帮忙民众财富开辟新出路。

　　至于开通"商品通"，对象包括了内地商品交易所、期货业，可以增强中国对全球大宗商品定价的话语权。

　　与此同时，互联互通还能给上交所、深交所引进国际市场上对公司管治、监管水平等的更高要求和准则，以此可倒逼内地的股市改革、企业改革，提升透明度与效率，推动内地股市健康发展。

　　其二，将进一步促进香港与广东的更深层次合作。

　　由于内地与港澳地区服务贸易自由化，有望在2016年前全面实现。在未实现之前，预料广东会通过设立自贸区与香港提前进行深层次合作，全面发展港口作业、中转、国际配送、国际采购、转口贸易、出口加工和展览等服务贸易业务措施，等这些措施成熟、实施情况良好之后，再把相关措施、经验从广东进一步推广到泛珠三角地区乃至全国各地，以促进全国的服务贸易自由化。

　　广东也有望通过与香港的深层次合作，将一些劳动密集型制造业企业从广东转移到东盟低收入国家，以享受这些国家的低劳动力成本、资源优势以及正在释放的人口红利。此外，广东更可通过香港"走出去"，向东盟国家输出资本，投资该地区丰富的能源与矿产资源储备。

其三，香港将深入参与国家"十三五规划"。

由于中国内地和香港的合作越来越广泛，香港也越来越融入中国的经济发展。因此预料国家在制定"十三五规划"时，将会加强跟香港特区政府的交流，邀请香港各专业人士发表意见，让国家有关部门制定政策时，将有关专业意见加入其中。香港更深层和更广泛参与"十三五规划"，有利于两地的经济、社会和民生进一步向前发展。

这正如国家主席习近平接见香港工商专业界访京团时形容，内地与香港"风雨同舟，命运相依"。笔者相信在新的时代下，两地只有互相融合、互相支持、互相促进和互相取长补短，才能更加发挥出两地的优势，从而促进两地产业升级，共同踏上发展新台阶。

自贸区将取代中国香港、新加坡地位吗

> "一带一路"是纲,自贸区是目,地方政府对自贸区的热情值得肯定,但需要清楚认识到自贸区的利弊以及消除误解,如此才能在国家"一带一路"倡议的部署下,既加大发展与世界各国尤其是"一带一路"沿线国家的经贸往来,也有助于发展本地经济。

2014年至今,上海、天津、广东和福建的自贸区相继成立,陕西、甘肃、河南和广西等省区也开始陆续申报自贸区。笔者近期在出席一些与自贸区相关的论坛期间,却发现不少人对自贸区其实缺乏认识,甚至存在误解,以下是五个最常见的误区。

第一,是成立自贸区还是自贸园区?

在一些地方政府公开的有关自贸区申报、发展规划的材料中可发现,地方政府把"自由贸易区"等同于"自由贸易园区"。

"自由贸易区"的英语为"Free Trade Area",指的是国家与国家之间通过签署自由贸易协议，分阶段取消绝大部分货物贸易、服务贸易关税和非关税壁垒。例如中国与新西兰、智利等国签署的自由贸易协议，属于"自由贸易区"，其涵盖范围是两国的全部关税领土，定位是国与国合作性质的，两国的货物贸易、服务贸易和投资的市场准入条件接近于全方位。

"自由贸易园区"的英语为"Free Trade Zone"，指的是国家在某几个特定的区域内，设立实施优惠政策以及推行特殊监管政策的区域。这种定位是区域性质的，货物贸易、服务贸易和投资的市场准入条件是有限制条件的，相当于我们过去所说保税区、经济开发区和出口加工区的2.0升级版，或者说是3.0版。

因此，地方政府申请成立的其实是"自由贸易园区"，而非"自由贸易区"。但一些地方政府混淆了两个概念，定位不清，在规划中包罗万象；许多地方的规划也比较雷同，而且在某些领域如金融、服务贸易和投资的市场准入条件上，大大超过了"自由贸易园区"定位。这需要各界去"拨乱反正"。地方在规划自贸区发展方面，需要有清晰的定位，避免大而全，避免规划太多"高大上"的产业，要仔细权衡计划能否真正"落地"。

第二，自贸园区能够促进周边城市发展吗？

虽然长远而言，设立自贸园区可以通过"扩散效应"，向周边地区扩散、辐射，带动周边地区的经济增长，这些周边地区又可反过来进一步促进自贸区的发展，形成一个逐渐上升的循环积累过程。但是在初期、中短期，自贸园区容易产生"回波效应"，很大可能会影响周边城市发展。

在政策倾斜下，各方大力推动自贸园区发展，经济资源和生产要素集中流向"自贸区"，周边不发达或相对落后的地区则会因为政策的不平衡，以及资源、生产要素流失，导致地区之间发展差距进一步扩大。因此，地方政府在大力推动设立自贸园区的同时，需要同时思考如何协调自贸园区优先发展对其他落后地区不利影响之间的问题。

第三，自贸园区会不会影响有关产业的发展？

地方政府设立自贸园区之后，原意是希望推动有关产业的发展，但自贸区的设置，反而有可能会导致部分国内产业由于进口替代的影响而式微，甚至出现倒闭，国内外也会因此减少对有关产业的投资。

由此产生的后果是，不但有关产业遭受冲击，而且容易产生结构性失业及技术性失业问题，影响设立自贸园区的实质效果。

因此，地方政府在进行自贸园区规划时，不能一味认为自贸园区对产业的影响只有益处，而无弊处，需要更加全面考虑静态和动态两方面的影响，以及平衡自贸园区内的产业发展与园区外产业发展二者之间的关系。

第四，设立自贸园区就能吸引他国前来合作吗？

一些地方政府提出要分别通过与一些核心国家建立自贸平台，

以打通与拉丁美洲、欧洲和非洲等的自贸通道。这种想法虽然好，但需要考虑别国的实际需求，并非所有国家对自贸平台都很感兴趣，对一些国家而言，自贸区也不是"大蛋糕"。

笔者以拉丁美洲最大的国家巴西为例，由于货币贬值、外资大量撤退，巴西政府近年来更倾向、更聚焦于通过内需拉动经济，希望"自己动手，丰衣足食"。因此，即使在全球贸易协议扩展的背景下，巴西也仅通过南美地区的"南方共同市场"（Mercosur）以及拉丁美洲一体化协会（LAIA）签订了几项协议，双方合作一直未有实质性突破。部分协议也只限于优惠税率，其他如经贸深度合作、服务贸易等重要议题均无深入探讨。

巴西这种趋向孤岛化的经济政策，未与国际充分接轨，加上中国与巴西产业结构相似，巴西政府向来视中国为竞争对手，设立了诸多贸易壁垒。中国的地方政府要与巴西建立自贸平台，难度有些大。

即使不谈政府，中巴两国在企业层次的合作未来可能也会越来越困难。在通胀的威胁下，巴西政府推出的紧缩货币政策，已经令不少巴西企业陷入水深火热之中。巴西家庭把每月的1/5收入用以偿还信用卡债、贷款，在债务偏高的情况下，再经过近年大幅度加息，等于直接增加家庭负债比例，进一步削弱了巴西人消费意愿。巴西消费差，进一步影响企业的发展乃至生存。实际上，巴西经济也走到了萎缩边缘，未来的情况也可能会继续恶化。

这种情况下，中国即使是与巴西成功设立自贸平台，可能象征性的意义会更大一点，实质性的意义会小一点。而且，这个自贸平台在巴西经济水深火热之际，还有可能成为"扶贫平台"。

因此，地方政府要和他国建立自贸平台要有针对性，更要看他国的意愿，而非一厢情愿。另外，也必须先和一些国家进行充分沟通，以及要充分、深入了解一些国家和地区的经济现状，否则的话，设立自贸平台只会吃力不讨好。

第五，设立自贸园区就能取代新加坡、中国香港吗？

有不少舆论甚至政府官员认为，多设立自贸区，在国际航运、国际贸易和国际金融等方面狠下功夫，可以在中国内地复制几个新加坡和中国香港，更有人认为可以取代这两个地区。这种想法虽然雄心勃勃，但实际操作起来很难。

以新加坡为例，新加坡的国际航运中心不是一日建成，而且付出了非常大的代价，同时也与其地理位置有关，实际上是天时、地利、人和都具备了。

虽然身处马六甲海峡的优越地理位置，同时也有身靠东盟国家的便利条件，但新加坡为了发展航运，不但成立海洋法庭，更积极争取世界大海运公司去落户，土地几乎是用送的，给予了一切可能的优惠。表面上看，新加坡当时是吃亏了，失去了不少利益，但到了后来，变成只要开设海运公司，就不能不到新加坡去，因为新加坡已经是世界的航运中心了。

　　这就是所谓的"车票效应"，必须先有车票，才能上车。新加坡当时为了"车票"豁出去了，倾全国之力才有了今天的国际航运中心地位。

　　地方政府要考虑的是，到底可以付出多大的代价去买这张"车票"？即使买到"车票"，要用什么后发优势去与新加坡竞争呢？笔者认为，较佳的选择还是与新加坡、中国香港错位发展，采取互相合作和良性竞争的形式，才更能促进自贸区的各项建设。

　　简而言之，地方政府对自贸区的热情值得肯定，但需要清楚认识到自贸区的利弊以及消除误解，如此才能在国家"一带一路"倡议的部署下，既能加大发展与世界各国尤其是"一带一路"沿线国家的经贸往来，也能有助于发展本地经济。

粤港澳可联合打造"一带一路"智慧园区

> 粤港澳地区可共同设立"一带一路"智慧园区,通过港澳地区的国际资源和人脉,将广东乃至全国各地科研企业的创新理念、创新产品向"一带一路"沿线国家推广和出售。

新增长理论的主要建立者之一、美国经济学家保罗·罗默(Paul M. Romer)曾指出,"经济增长源自于更好的食谱,而不仅是煮更多东西。"罗默教授口中的"食谱",指的就是创新。创新能够形成新经济,是实现经济、社会可持续健康发展的重要途径,这不但已是社会各界的共识,更是美国之所以能够从一个工业强国,逐步发展成为科技强国,进而成为世界第一强国的最重要原因之一。

当前,作为中国经济最发达地区之一的广东省,要推动经济结构调整和产业转型升级,须以创新来驱动发展。在此方面,广东可以考虑与港澳地区共建创新生态链,将粤港澳地区打造成"中国硅谷"，创新设立"一带一路"智慧园区，未来可争取成为国家自主创新的示范区，将成功经验推广至全国各地。

一方面，广东应当考虑与港澳地区共创综合创新体系。在发展创新尤其科技创新方面，广东拥有不少领先全国的经验，但也面临省内科研水平稍弱、创新人才培育不足、国际市场拓展能力有限这三大短板。

环顾全球，要实施科技创新、发展创新产业，上述三环缺一不可。我们看到科研水平甚高，培育了大量优秀创新人才的法国，却由于法规、语言和货币等领域未能与国际接轨，导致国际市场拓展能力欠缺，常常为他国"作嫁衣裳"，由法国人创办的Criteo、Scality和eBay等国际性科技公司，纷纷远赴他国上市并落地生根，反而无力推动法国本土的创新经济。

因此，广东要实施创新驱动发展战略，亟须将短板补上。临近广东的港澳地区，拥有国际一流水平的高等院校、科研水平和良好的教育资源，可弥补广东科研水平和培育创新人才的不足。香港作为国际金融中心，更可在金融、语言和法律、会计专业服务等领域，为广东创新企业提供与国际接轨的服务。

在具体合作方面，除了过去常提的三地高校、科研机构合作进行科研攻关，共同培育创新人才之外，广东政府还应鼓励、支持省内科研企业在港澳设立分部，通过与港澳的多层次合作，借助港澳地区语言、文化和法制教育环境等的国际化和便利化，吸引和招聘更多外国高端科研人才、顶尖大学毕业生，对内充实科研创新力量，对外进一步开拓国际市场。

同时，粤港澳三地更可通过香港作为国际风险投资中心的角色，合作在香港开设风投平台，除为广东科研企业提供与国际接轨的先进的金融、设计、会计、法律等后勤服务外，还可通过该平台引进外国资金、先进技术和理念，科研企业的管理模式乃至合作伙伴，充分发挥三地的互补优势。

广东自身的优势是拥有成熟的产业生产制造基地，科研成果转化能力较强，也具备较为成熟的科技研发基地，如果能够有机结合港澳地区先进的、与国际接轨的金融体系、科研水平和教育资源、科研企业管理模式、国际思维和理念、创新文化等要素，全面打造三地科研机构、风投、企业及创业者等的对接平台，粤港澳三地很可能形成综合的创新及科技的生态链，该生态链也可为三地的发展提供新动力。

另一方面，广东可考虑与港澳地区率先共建创新企业失败后的善后机制和退场机制。环顾全球，无论是科研创新，还是创立创新企业，往往遭遇各类难题，失败多成功少。如果任凭科研创新者、创业失败者自生自灭，不但有损创新、创业氛围，也不利创业产业的发展。

因此，广东政府除利用资源大力扶持创新科研，发展创新产业之外，更应考虑创立失败创新企业的善后乃至退场机制。

在设立善后体制方面，港澳业界对公司破产、公司重组和清盘等方面拥有着丰富的国际经验。粤港澳三地政府可考虑共同推出创新、创业的善后配套机制，利用政府的资源为非因道德风险所致的创新、创业失败者，提供公司解散、银行欠款、租税负担、员工遣散和破产清算等方面，提供援助和保障。

这些措施的目的是减少创新、创业者的后顾之忧，并让失败者未来可能有东山再起的机会。全球各地的创业经验均表明，创业失败者下次创业的成功率，通常比首次创业者成功率更高，只有更加大力支持非因道德风险所致的创新、创业失败者，成功创新、创业的概率才更大。

在设立退场机制方面，广东也应当充分利用港澳资源，研究设立适合非因道德风险所致的创新、创业失败者的退场机制。事实上，一个创新理念、一件创新产品即使在广东和全国暂时被认定"失败"，也未必意味在全球范围内都不被接受、被认定是"失败"。

因此，粤港澳三地如设有退场机制，科研企业的创新理念、创新产品若暂不被内地市场认同，也可以通过港澳地区的国际资源和人脉，向东南亚国家、"一带一路"沿线国家乃至欧美国家推广和出售，一方面可令三者不致贱卖资产、血本无归和负债累累，另一方面也可通过港澳地区"走出去"，打开新的市场，或可令部分创业者和新产品起死回生。

广东若能利用自身优势，与港澳地区共创综合创新体系，共建创新企业的善后机制和退场机制，将有望成为全国范围创新驱动发展战略的"领跑者"，这有机会成为广东再次先发的路径。粤港澳的合作体系的进一步完善后，广东更可申请成立"国家自主创新示范区"，把粤港澳在创新、创业领域合作的成功经验推广至全国。

香港真的失去创新力了吗

中国要成功落实"一带一路"倡议，企业要"走出去"，也不能错误以为只把落后的产能输出去即可，这种想法非常有害，不会得到"一带一路"沿线国家的认可，沿线国家更想要的是中国一流创新企业所输出的"洋科技"，而非"土科技"，也只有如此，中国企业才能较顺利地"走出去""走进去"以及"走上去"。

内地创新企业、互联网企业如雨后春笋，冒地而出之际，"香港失去创新力了吗"成了笔者近期在出席一些以创新、创业为主题的论坛时最常被提问到的问题之一。

为此，笔者曾仔细查阅相关资料，发现香港的创新力没有外界想象中那么弱，相反其实还很强。

目前，香港的文化、创意产业和创新及科技产业现已占香港GDP的约6%，高于旅游业的5%，晋升成为继贸易及物流业

（23.9%）、金融业（16.5%）和专业服务及其他生产性服务（12.4%）之后的香港第四大支柱产业。

香港的不少创新产业，甚至改变了移动互联网的历史。例如我们微信中语音传送功能，最早是由香港公司"Green Tomato"发明的，该创意被腾讯团队看中并收购后，改变了全球用户只能发送文字短信的方式。

在国际上，香港的创新能力名列前茅。由美国康奈尔大学、欧洲工商管理学院和世界知识产权组织联合发布的《2014全球创新指数报告》中，香港的排名超越被公认为Start-up Nation的以色列，成为唯一跻身前10名的中国城市。在这个排名中，排在第一的是瑞士，美国名列第六，中国内地则排在第二十九位。

为什么香港的创新力会这么强？其中的原因除了香港的大学科研能力国际一流，教育水平高，培养了一大批创新人才，以及政府的大力支持外，最大的一个因素，笔者认为是由于香港的创新产业暂时没有出现明显的垄断，因此香港的创新种子才能遍地开花，促使相关产业成为香港经济发展的支柱产业。

香港的创新、互联网产业之所以暂未出现垄断，一方面是由于既得利益集团在香港传统行业已经进行了长年的管道垄断，获取了巨额利润，暂未插手他们视为"蝇头小利"的创新、互联网产业。另一方面，外来的国际大型科技公司大多认为香港700万人口的市场容量太小，对进入香港市场有些"不屑"。

在香港本地商界、外来巨头普遍疏于防范、未有恶意垄断之下，香港的创新、互联网产业竞争并不激烈，自然能够高速发展、遍地开花。

虽然香港的例子比较特殊，但这个例子至少可以提醒中国内地在发展创新产业的初期阶段，要考虑如何面对、解决垄断的问题，这也往往是最难解决的问题。事实上，在当前的内地互联网领域，几大巨头垄断之态已经出现，尤其是资金雄厚的巨头进入某些市场时可以采取低价竞争，大面积补贴的方式，往往令小的对手难以生存发展，甚至尸骨无存。

我们必须看到，首先人的本性会追求垄断。美国《纽约时报》曾报道过，游戏《大富翁》发明者美国人伊丽萨白·玛吉（Elizabeth Magie），曾为《大富翁》设计了两套游戏规则，一套规则是反垄断的，游戏中有人创造财富后，所有玩家都能够获得回馈；另一套规则是垄断式的，各玩家只有努力狙击对手，才能成为大富翁。由于人的本性使然，最后这个游戏流传至今，获得包括中国在内的各国游戏迷喜爱的版本，都是垄断式的版本。

而且，企业的创新、创业，最终也是为了垄断。美国硅谷创新人才众多，创意十足，但无论是Google、Facebook还是PayPal，一直都能占领市场，依靠的就是他们在产品服务方面独一无二，其他竞争对手难以匹敌，从而能够大面积占领服务市场。许多人往往认为资本主义的精神是竞争，但事实与直觉相反，要发展出好的创业模式，企业应该要保持垄断，并回避竞争。

即使在经济学上，某种程度上的垄断也是站得住脚的。美国克莱蒙森大学（Clemson University）经济系副教授徐家健曾引用芝加哥经济学派的相关理论称，政府要想通过竞争法管制产业链中制造、批发、零售等之间从上而下的"纵向关系"，后果往往是误中副车，因为"纵向限制"（Vertical Restraint）除了影响垄断之外，也会影响到市场的经济效益。

他还指出，芝加哥经济学派并不是认为所有"纵向限制"的商业行为都对社会有益，不过提高经济效益的"纵向限制"不容忽视，只是如果政府要正确无误地分辨出少数损害消费者利益的商业行为成本不菲，因此建议政府"宁纵莫枉"，才是竞争法对"纵向限制"应有的务实态度。

这种观点对于中国而言，笔者认为在相当程度上也是适用的。中国要发展创新产业、互联网产业，除了扶持中小型创新、互联网企业发展之外，也要给予大型相关龙头企业的发展和生存的土壤，让他们在充分竞争中走向自然垄断（Natural Monopoly），这样才能真正做大做强，并进一步成为国际顶尖企业。这对中国经济的发展、中国晋身成为高科技大国都大有裨益。

此外，中国要成功落实"一带一路"倡议，企业要"走出去"，也不能错误以为只把落后的产能输出去即可，这种想法非常有害，不会得到"一带一路"沿线国家的认可，沿线国家更想要的是中国一流创新企业所输出的"洋科技",而非"土科技",也只有如此,中国企业才能较顺利地"走出去""走进去"以及"走上去"。

因此,笔者认为,在发展创新产业的初期,政府应该容忍创新、互联网产业自然垄断的出现。与此同时,在发生恶意垄断,刻意扼杀同类型创新企业生存空间的排他性垄断,尤其是损害了消费者的公共权益时,政府则应当通过立法加强管制,保护尚在襁褓之中的创新、互联网企业,给予中小企业一个类似香港当前的生存、发展土壤。

至于中小型创新、互联网企业自身,则不应太过纠结于行业的垄断,甚至是向政府施加压力要求管制垄断,反而可以通过模仿市场领先的企业,模仿它们更优秀、更经济、更独到的做法,让先行者先进入市场,并在它建立恶意垄断之前快速跟进,后来居上,拥有足够灵活性才是企业的发展之道。

何况,创新并非只是"崇拜新奇"(Fetishism of Novelty),发明出全新的产品,无论是改良产品设计、使之更符合市场需求的"产品创新",还是改善生产流程、物流体系的"流程创新"都有可能是创业契机,也都可以推动中小型创新、互联网企业发展、壮大。

"一带一路"下中越跨境合作应怜"香"惜"渔"

中国政府提出了"一带一路"倡议，广西东兴若能通过引导、扶持农业企业与越南合作，共同打造粮食产业，不但符合未来发展趋势，有利于东兴的经济发展，同时也能通过与越南在农业方面的紧密合作，总结出投资他国的有益经验，成为推动中国发展成为投资大国的助力。

在"一带一路"倡议下，我国不少地区都提出了跨境经济合作区的发展规划。这些规划大多乍看起来富丽堂皇，非常精彩，然而它们的特点往往是对这个"试验区"定位繁多，而且都还比较相似，基本上都会包括高端制造业、港口、信息技术、科技创新和金融创新等内容。

从笔者曾了解到的多个试验区、开发区规划来看，多数的规划的内容都和上海自贸区、天津滨海新区、广州的南沙、深圳的前海以及珠海的横琴的规划大同小异。这不但令规划看起来缺乏针对性、特殊性，更淡化了该试验区、开发区的最突出的卖点。在拼凑产业、堆积概念、华而不实的规划中，发展的方向太多，反而没有突出发展的重点。

笔者曾在多个地方政府的经济发展研讨会上提出，经济新区、试验区的开发其实应该"化繁为简"，突出卖点，增加吸引点，集中精力重点先发展好两至三个产业，只有突出新区的卖点，通过卖点吸引人气、人才前来，再通过这些人流吸引高附加值的产业入驻，才能带动经济发展。这些建议也获得了不少地方政府的认同。

红木产业融合广西、越南优势

广西东兴的跨境经济合作计划也应当重视这一问题。未来在这个"两国（中越）一城"跨境经济合作区，发展初期绝对不宜拼凑产业，而应该结合东兴市现有的基础，重点推动本地特色产业的发展，通过边境小贸易打造经济支柱。在中长期规划中，再打造高附加值的产业。

简而言之，东兴跨境经济合作的发展战略，首先应该是先进理念的坚持和前提保障的落实，其次是新时期的地位高度认识和内涵深化，再次是明晰的阶段式路径与策略，以及一个可以描画的空间形象。

具体而言，在发展的初期，我建议东兴可集中力量推动两大特色产业的发展，这两大产业可归纳为怜"香"惜"渔"。

这个"香",可以理解为珍贵木材"沉香",内涵其实包含整个红木产业。东兴作为"两国一城"跨境经济合作区域,可利用自身特色,结合越南独特而珍贵的红木资源,认真规划红木产业在东兴的发展蓝图,与其他地区展开差异性竞争。

2007年全国红木市场一度遭遇寒流,但近年来已经回暖。数据显示,2014年全国红木市场总量已经高达1500亿元,而广西的凭祥市去年红木成交额高达122亿元,比2012年增长了4倍。随着当今民众收入的增长、生活水平的提高,大家对红木价值的认同逐渐提高。加上城镇化不断推进,各地酒店、会所、展馆等项目也为吸纳红木制品打开了巨大的新空间。中国红木行业估计,在未来三四年中,全国红木市场总量将达到2000亿元。

虽然前景很可观,但非常可惜的是,东兴红木市场的发展目前遇到如下几个问题,阻碍了向前扩大发展的步伐。一是市场规范不足,存在"以次充好,以假乱真"问题;二是红木家具一贯定价较高,令部分消费者有距离感;三是消费者如买到假冒伪劣红木产品,维权困难;四是红木具投资价值,投机性的炒作容易令红木价格大幅波动,影响市场稳定。这些问题在全国各地红木市场也普遍存在。

然而"危"中正有"机",在"一带一路"背景下,东兴正好可凭借建立"两国一城"跨境经济合作区,重塑红木产业,很大可能迎来新的机遇。

　　其一，政府可引导企业设计地方特色红木家具。东兴红木市场目前制作的红木成品家具大多造型传统刻板，令消费群体难以扩大，尤其是较难吸引消费潜力巨大的"70后""80后"人士购买。除了引导红木厂商设计呈现多样化风格外，东兴政府可考虑联合越南方面，引导红木制造商充分挖掘地方特色，丰富产品设计，甚至是形成一个独具东兴以及越南地方特色的流派，以助力地方特色经济发展。

　　其二，打造红木市场知名品牌。目前无论是港澳台地区，还是中国内地，均缺乏具有绝对知名度的红木品牌。随着经济的发展，社会对红木文化的认可吸引了越来越多资本聚集，红木品牌建设已经是行业市场发展的下一个重要命题。东兴若能大力培育属于本地红木制品的知名品牌，打造出红木产业如"周大福""周生生"一样的标杆，对于东兴乃至全国红木产业的升级都将有重大意义。

　　其三，打造红木文化。红木行业文化的发展，当前远远落后于行业市场发展的需求，如何挖掘和弘扬优秀的红木文化，现今已成为红木行业发展的当务之急。加上红木文化的发展对红木市场的开拓作用巨大，在香港，一件普通红木家具售价只有一万多港元，但同样材料的红木家具，附有文化价值之后，售价直线上升，售价可达5万至10万港元之间。同时，由于行业文化对地方特色经济的发展往往起到巨大推动作用，因此，东兴应意识到文化对行业的重要性，进一步对红木文化深度挖掘，推动红木文化的更深层发展。

其四，政府规范市场、担保质量，扶助发展O2O（Online to Offline，"虚实整合"）红木市场。随着电子商务的向前发展，"虚实整合"已经成为趋势。以台湾为例，台湾网店跨实体经营渐成规模，纯网店占45.6%，另已有32.4%为实体商店横跨网店经营，更有8.1%是从线上跨入实体商店经营的业者。

台湾本地商家盈利数据也显示，同时经营虚实商店的商家，较纯网店有更多获利，46.3%商家表示，由虚拟跨向实体后盈利更好；有37.6%实体商店跨虚拟模式经营商店，也创造了更佳盈利。这显示出虚实双通路渐成主流，未来纯网店比例会逐渐减少。阿里巴巴香港暨台湾分公司总经理傅纪清日前也已指出，电子商务与传统销售必须搭配合作，业者才能获得更大的成功。东兴政府也可考虑引导本地红木行业打造发展虚实整合体，进一步提高行者的利益。

但是，这里也必须指出，由于无论是实体店还是网店，红木市场欺诈屡屡发生，红木商品以次充好，鱼龙混杂，严重损害消费者利益和市场秩序。同时，红木市场的售后服务配套极不完善，也制约了市场健康发展。因此，建议东兴政府可联合越南方面考虑充当虚实整合体的担保方，以此增加消费者购买东兴红木产品的信心。

具体而言，消费者无论是在"虚"还是在"实"层面上购买"两国一城"跨境经济合作区里面的红木产品，政府层面都可给予质量担保。例如，在购买商品后一定时限内，若发现出现问题，政府可担保退回。在这段时间之内，消费者购买红木产品的款项由跨境经济合作区政府机构代管，期限到期之后，款项才真正支付给区内的红木销售企业。

简而言之，中国红木市场的发展机遇大于挑战。东兴政府只有充分把握机遇，弥补不足，积极应对挑战，在现有基础上和其他城市形成差异性竞争，求新、求质，并结合跨境经济合作区的优势，才能在未来的红木市场持续发展的有利大环境中取得丰硕成果。

新型农业可主攻珠三角及海外市场

至于我所建议的第二发展重点"渔"，小的方面是指海鲜产品，大的方面则可拓展到农副产品乃至整个农业。

过去农业被视为夕阳产业，现在情况逆转，农业已经成为21世纪最具爆发力的"明日之星"。根据联合国发布的报告显示，当前全球人口约为70亿人，到2050年估计将增长至90亿人，估计未来需要多1倍的食物，每一年粮食产量至少需要增长2%。近年来除了全球粮食开始显现危机，粮食安全也越来越受到各国的重视，这正是投资农业的商机。

目前，一般蔬果种植获利可在50%以上，风灾时可达70%；稻米较为特殊，适合大面积耕种，只要采用上百公顷大规模的一条龙生产方式，利润也可高达50%，且面积愈大利润愈高。

在粮食越来越"暴利"之下，量子基金（Quantum Fund）共同创办人、投资大亨罗杰斯（Jim Rogers）曾表示，在未来几十年中，农业是最佳投资之一，也是最好的职业选项之一。国际创投也曾发布研究报告指出，农业的毛利是两位数以上。投资IT产业，例如面板、DRAM都需要上百亿元的巨资，但踩到地雷就什么都没有。但是，投资农业20亿元，只要不发生重大的天灾人祸，就可有两位数以上的回报。

当前中国的大型企业中，如恒大集团董事局主席许加印已多方进军农业领域，联想集团创办人柳传志更已从2010年开始投资农业，投资金额接近20亿元，旗下专营农业的佳沃集团已是联想六大支柱之一。世界首富微软创办人比尔·盖茨，他的最新投资不是科技业而是食品业，他所投资的Hampton Creek Foods利用植物性蛋白研发出几可乱真的素蛋、素美乃滋，未来将掀起新一波食品革命。

这对东兴而言，同样是一个好的发展机遇。其一，东兴可借助跨境经济合作区，建立好一条新的产业价值链，例如东兴市场常见的石斑鱼，从设施、节能、孵化、饲料、屠宰到冷冻，整合起来也会是一个体量相当大的产业。其二，东兴要在"大量平价""精致安全"的粮食需求中做好平衡。"大量平价"方面，东兴可以从越南进口特色食材如木薯淀粉，还应利用与珠三角乃至港澳台地区饮食材料接近的优势，打造令这些地区富裕民众，甚至是欧美、日本民众所要求的"吃得好""精致安全"的食物。

我建议东兴在保障、稳住"大量平价"粮食发展的同时，大力发展"精致安全"粮食品种，从种子培育、品种改良、动物疫苗、农业机械到石斑鱼等水产养殖技术，进行改良和引进国外先进技术，结合越南农业机械化程度不高、可耕面积多、农地价格相对低廉、一年四季都是夏天、几乎没有台风与地震、365天都能耕作的优势，共同打造"精致安全"粮食品种。

除了充分发挥市场的力量之外，东兴政府在这方面需要做的主要有三点：一要有政策，要给予企业足够的政策力度支持；二是要有贷款，给予企业足够的金融力度支持；三是中国内地乃至国际粮食需求信息要非常畅通，官方应当对此给予足够的信息支持力度。

东兴只有在推行"向上滴流经济学"（Trickle-up Economics）的同时，不断尝试推出"向下滴流经济学"（Trickle-down Economics），才能令企业、政府达至双赢。

加上中国已经推出"一带一路"的政策，将从制造业大国、贸易大国向投资大国转变，东兴若能通过引导、扶持农业企业与越南合作，共同打造粮食产业，不但符合未来发展趋势，有利于东兴的经济发展，同时也能通过与越南在农业方面的紧密合作，总结出投资他国的有益经验，成为推动中国发展成为投资大国的助力。而且，东兴此举也紧贴中国最新的国家政策。习近平总书记在2014年中央农村经济工作会议上就已指出，要善于用好两个市场、两种资源，适当增加进口和加快农业"走出去"步伐，把握好进口规模和节奏。

由于东兴在重点打造红木产业、农业产业过程中，将需要引进资金、技术和相关企业，我建议东兴除了自行招商引资之外，还可以参考四川成都（中德）蒲江工业产业区成功引进德国知名企业的可操作性经验，通过国务院商务部驻外机构与国外使馆和国外、港澳台商会进行紧密沟通，并借助商务部下属的"中国开发区投融资服务平台"进行有效的推介、宣传和对接，从而引进国际、港澳台知名企业入驻和参与"两国一城"跨境经济合作区的发展。

金融创新从便捷实用出发

东兴除了重点打造"香""渔"这两大产业之外，还可以在打造这两大产业过程中，针对面临的人民币和越南盾兑换的问题，进行金融创新，不但能为中国其他的边贸地区起示范作用，也能促进人民币国际化进一步向前发展。

一方面，我建议在跨境支付领域，东兴可以参考内地与台湾之间最新推出的B2C个人人民币跨境支付业务。该业务简单而言，就是台湾的元大银行依托自身的电子商务平台，协助台湾地区中小企业及网络商户开拓跨境电子商务市场，将商品销售给中国大陆的买家。中国大陆的金融服务机构"快钱"公司，则通过创新的跨境电子支付系统，打通海峡两岸的人民币支付，协助元大银行以电子化的方式完成整个跨境贸易的全流程，从而缩短交易周期，提升结算效率。

元大银行与快钱公司战略合作的首款产品"元大e付通"，让大陆的个人和企业可以直接使用人民币支付购买元大银行电子商务平台上的各类宝岛特色商品，并且还能通过"元大e付通"查询货物寄送进度。所付款项将通过快钱系统，结算到台湾商户在元大银行开设的人民币账户内。

另一方面，我建议东兴可以参考香港"八达通"的经验，初期以电子货币的方式，考虑打造"东兴—芒街通"。八达通（Octopus Card）是香港通用的电子收费系统，也是世界上最早发展及最成功的电子货币，更为全球多个国家及地区发展电子货币系统的典范及参考对象。作为香港私营企业，八达通公司凭借此经验取得在荷兰、中国长沙、新西兰奥克兰及阿拉伯联合酋长国迪拜发展电子收费系统的合约，并2012年先后与岭南通与深圳通联合发行二合一卡。

八达通目前已经发出3000万张卡，使用范围一开始是在公共运输工具、零售业务上，后来更普及成为不少商业活动通行卡。八达通的充值方法也由最初的八达通公司自设的增值机，扩展至商店付款处及以信用卡或者银行账户自动转账。

东兴可参考八达通这种理念，通过东兴和芒街的企业合作，先行先试共同推出电子货币，打造"东兴—芒街通卡"，凭这张卡支付和存储人民币，首先在跨境经济合作区使用，进而推广到东兴和芒街两地。只要芒街乃至越南逐渐信任、使用这张电子货币卡，未来甚至可以进而设立以电子货币为基础的边贸银行，以此推动人民币国际化。

有广西的企业家表示，西部大开发已经说了10年，但真正开放程度非常有限。前香港中联办主任彭清华出任广西壮族自治区党委书记之后，在前往香港招商引资期间，曾明确指出广西的优势是区位，劣势是不够开放，要见世面，要积极引进外资，做珠三角20年前做的事情，令广西真正开放起来，成为中国的"新珠三角"。

　　彭清华的发展思路其实是广西的机遇，更是东兴的机遇。东兴可参借香港与珠三角合作的成功经验，尤其是在"二国一城"的跨境经济合作区内，处理好整体与局部的关系，注重开发的节奏感，重视实施的分期，谋定而动，同时重视重大功能性项目的先导先入，并通过发展与芒街乃至整个越南的经济、贸易等领域的合作，发展成为中国"新珠三角"中的重要的、有特色的、具有示范作用的一员。

"一带一路"下海南应"探美寻香"

有思路才有新的丝绸之路。海南未来的发展，在现有的基础上，如能再进一步把握住"美"和"香"，发挥出独特的竞争力，更好地提供服务和融入"一带一路"倡议，一定能形成对外开放以及推动经济持续健康、稳定发展的新优势。

在国家"一带一路"倡议的背景下，海南未来不但将打造旅游特区作为参与"一带一路"建设的重要突破口，同时也将通过大力发展海洋经济，加快建设海洋强省，借助这一发展经济的蓝色引擎建设成为"21世纪海上丝绸之路"的开路先锋。相信在海南省委、省政府以及海南各界人士的共同努力之下，海南未来将很快能够实现这一个发展蓝图。

当然，我们也应该清楚地看到，自从国家提出"一带一路"倡议之后，海南周边的地区如广东、广西，甚至是香港、澳门两个特区，都已经提出了和海南相似的发展蓝图，这四个地区召开的有关和"一带一路"对接的发展规划我也都参加过。

而且，海南在"一带一路"下最受关注的主要是旅游、经济、美食、购物、环境等方面，广东、广西和港澳这些地区的资源、地理优势和吸引力也并不亚于海南，甚至部分优势要优于海南，未来对海南可能会形成很大的竞争。

因此，在周边地区同质化竞争比较严重的情况下，我建议海南在现有基础上考虑增加一些特别的发展计划，这样不但可提高竞争优势，也能够与周边地区进行优势互补，发挥一加一大于二的功效。

我把这些海南可进一步考虑发展的领域简单归纳为"探美寻香"。

所谓"探美"，指的是探索打造"美丽工业"的可能性。所谓"美丽工业"指的是国际医疗、医疗美容等领域。现在每年有二十万俄罗斯人到三亚中医院疗养，在未来庞大市场前景下，我留意到，已经有五到六家高端医疗机构申请进驻三亚海棠湾。同时，香港的先施表行朱李月华、香港前医管局主席胡定旭等人，今年初也开始在海南博鳌小乐岛合作发展国际医疗旅游项目，加入针灸、药疗等中医元素，从养生、高级医疗体检和美容做起。

但同时我们也看到，现在香港和内地合作的医疗机构的成功率暂时还不高，例如香港大学在深圳开设的大型综合医院，这一两年是亏损的，主要原因是收费比较高，不能用医保报销，加上香港本地的很多医生并不大愿意北上内地工作，业务开展较为缓慢。

可能很多人奇怪，中国内地的机会这么多，加上从香港去深圳交通这么方便，为什么很多香港医生不愿意前往深圳工作呢？道理也很简单，香港不少名医被称作"月球人"，或者是"星球人"，在香港，"球"代表一百万港元，"月球人"代表每个月收入至少一百万港元，"星球人"指的是每个星期收入一百万港元。由于在深圳未必能够赚这么多，加上香港个人所得税的税率最高是15%，中国内地最高是45%，因此，香港的名医普遍不大愿意到深圳。只有一些年轻的医生愿意到深圳工作，但由于他们经验相对有限，新机构的医疗品牌、口碑的形成，需要一个比较长的时期。

而且，另一个重点是香港医生在香港开的药，一般都是进口药，但到了深圳，由于咱们国家的药品进口是有管制的，需要收挺高的关税，所以很多时候香港医生去到深圳有些"水土不服"，不懂如何去开中国自己的药品。这种情况下，一直吸引不了多少病人前往这些医院。

此外我们也都知道，现在即使港澳地区的民众，要做医疗美容，一般都是去韩国、泰国和我国台湾，不会在香港进行医疗美容手术，因为香港对医疗美容实际上并不大擅长。

另外，澳门和珠海也准备在横琴进行以中药为主的一些医疗项目，加上广西那边是主要的中药生产基地，中医方面也比较不错，我知道不少越南的官员、富人经常去广西看病，这种情况对海南未来发展医疗美容也会带来不小的竞争和冲击。

因此，海南要借助"一带一路"倡议，通过打造美丽产业，与东南亚国家、中亚国家加强互联互通，吸引更多沿线国家民众前来，在与港澳地区、欧美国家的医疗机构合作的同时，可能要认真探索一下如何增强自身的力量。

具体来说，我认为，海南要提升整体国际医疗、医疗美容地位的知名度，不能只靠医院单打独斗。必须集合产业的力量，发挥群聚效应以及锁定目标族群，并且依照客户群的需求进行服务，通过不同产业的结盟，配合文宣、影视等管道，才能将高端医疗的形象传播到国外。

与此同时，海南也要看到，过去韩国、新加坡和泰国等地发展国际医疗产业，都绝对不是雨露均沾的。例如泰国的国际医疗7成产值集中在3至4家医院，形成寡头产业，用政府的行政政策集中力量去发展"国际医疗城市"产业聚集群或者"医疗园区"。还有美国明尼苏达州的罗彻斯特，机场、旅馆、城市发展都因为梅约医学中心存在而活，未来更配合梅约医学中心有一个50亿美元的全球医学中心计划，以确保明尼苏达州的经济发展。所以，海南未来要借助"一带一路"这个契机，发展国际医疗、美容产业，可能需要探索一条国际上比较通行的发展道路，才能少走弯路，才能形成优势，吸引"一带一路"沿线国家的民众前来海南。

除了"探美"之外，我还有一个建议是"寻香"。所谓"寻香"，我的建议是海南可以考虑寻求与香港的深度合作，借助"一带一路"的红利，推动两地发展。

海南与香港在旅游休闲领域的合作由来已久。未来我认为除了一起开发旅游产品、高尔夫球运动等方面合作外，海南与香港的合作领域至少还应该包括两大方面。第一是海南可以考虑和香港在财富管理领域加强合作。中央政府通过成立上海、天津、广东和福建自贸区，希望在内地打造更多的1.0版本的香港，尤其上海自贸区将主打金融领域，这对香港而言，所谓"不进则退"，香港特区政府要打造2.0版本香港之心，已是尽人皆知。

最近签署的CEPA补充协议，也给香港提供了这个机遇。目前内地香港两地基金互认安排已经开始实施，不但将吸引大量中外资金聚集香港，而且还可促使大量基金产品在香港推出，将大力推动香港发展成为国际财富管理中心。由于设立、发展国际财富管理中心，必须拥有成熟、稳定且与国际接轨的金融基建、法制、信誉等硬件和软件条件，不容易被复制之余，竞争对手也较难赶超，香港发展包括国际财富管理中心在内的非传统金融投资服务，才能遇强愈强，发展、巩固国际金融中心地位。

香港要发展国际财富管理中心，为什么需要海南呢？我们知道由于随内地经济蓬勃发展，不少先富起来的民众，希望进行离岸财富管理，以让资产保值、升值，但由于当前的内地私人银行，存在财富管理人才、产品不足，且相关法制、会计等机制暂时未与国际接轨等情况，虽然香港能够满足以上软硬条件，但由于在国家现仍实施外汇管制的情况下，内地的资金较难流向香港，而香港的私人银行产品也暂难直接进入内地。

对此，海南作为经济特区，以及作为"一带一路"的重要节点，可以扮演一个中间人角色，加强与香港财富管理的合作、互补，搭建中国内地、香港两地财富管理的服务桥梁，既可以让香港私人银行得以服务海南、泛珠三角地区乃至全国，同时又可帮助全国民众通过香港走向"一带一路"沿线国家。

同时，海南也可以寻求和香港在教育领域，尤其是中小学教育领域加强合作。近年来，虽然越来越多望子成龙的家长，纷纷把子女送到外国读书，留学生的年龄也越来越小，家长们对于留学的观念有所开放，但仍旧担心孩子太小不能适应国外的生活。

对此，身处国门之内，但教育制度与外国接轨的香港，一直希望发展知识型经济，发展成为"全球校舍"，引进世界级著名中小学到香港开设分校或合办课程，以打造成国际教育枢纽。虽然香港近年也曾引进在英国有400多年历史、曾培育出7名英国首相（包括丘吉尔）、两名英国国王及多个世界级政要的英国哈罗（Harrow）公学等学校，但由于香港面临土地不足、学生数量较少、因签证问题暂难吸引内地学生前来就读等局限，未能继续引进国际一流中小学在香港设分校或合办课程。

这对自然环境非常优美的海南而言是另一个机遇。海南可在办学土地、两地人员签证等方面，和香港携手向中央有关部门争取便利政策，与香港共同发展教育产业，引进国际知名中小学到海南办学，吸引包括中国以及"一带一路"沿线上的东南亚国家、中亚国家的家长，将其子女送到海南就读。这不但可促使海南和香港共同发展成世界级的教育枢纽，更能为海南带来协同效应，带动例如文化产业、旅游业等其他周边的经济活动，促进海南长远发展。

尤其是随国家提出"一带一路"倡议之后，香港特区行政长官梁振英多次表示，在"一带一路"背景下，香港可担当"超级联系人"（Super-connector）角色，为全国各省市发展提供所需信息、国际联系和引进资金、人才和技术。对此，我建议海南应当考虑在未来合作中，担当香港的"超级支持者"（Super-supporter）角色，借助"一带一路"这个倡议，以及CEPA的优惠政策，通过与香港的互补、合作，以借力发展，最终达至两地共赢。

简而言之，只要思想不滑坡，办法总比困难多，有思路才有新的丝绸之路。海南未来的发展，在现有的基础上，如能再进一步把握住"美"和"香"，发挥出独特的竞争力，更好地提供服务和融入"一带一路"倡议，一定能形成对外开放以及推动经济持续健康、稳定发展的新优势。

"一带一路"下中国需要怎样的港口

中国沿海的港口未来要多元化发展，一方面可以和"一带一路"沿线国家建立联盟关系，加强各大港口之间的合作，另一方面也可考虑提供航运金融、保险、经纪、咨询等方面综合服务，以提升港口的整体竞争力。

自2008年爆发全球金融危机以来，欧美经济一直乏力，在国际贸易增长速度持续减缓的情况下，全球航运版图发生了明显变化。无论从三大航运板块中的集装箱、干散货，还是液体散货中任何一项来看，都显示出世界航运的重心开始出现由西方向东方移动的趋势。

在这样的背景下，中国政府提出"一带一路"倡议，并按照"一带一路"愿景和规划提出要重点推进口岸基础设施、陆水联运，推进港口合作，增加海上航线和班次以及加强海上物流信息化合作等内容。这不仅将激活、扩大中国和"一带一路"沿线国家港口的贸易和合作，也将激励中国沿海地区的各大港口加紧建设，争取成为新的国际航运中心、新的国际航运中转中心。

当然，所谓罗马不是一天就建成的，中国的港口要发展成为新的国际航运中心，也要面临诸多挑战。中国各大港口想要增加港口的国际竞争力，可以研究、借鉴香港、伦敦、新加坡以及荷兰的鹿特丹港这四个国际航运中心的发展经验，在信息化、多元化、个性化这三个化上面多下功夫。

在信息化方面，由于"一带一路"沿线国家中，多数是新兴国家和发展中国家，涵盖的总人口约44亿，经济总量约21万亿美元。沿线国家这么庞大的经济规模、活跃的经济发展态势，未来不但将产生巨大的货运需求、仓储物流需求、国际采购需求、分销和配送需求、国际中转需求，也将产生巨大的检测和售后服务维修需求、商品展示需求、产品研发和加工制造等港口功能需求。

未来如此多、如此复杂的需求，将促使中国沿海的各大港口走向信息化、智能化进程，以提升货运容纳能力和效率、港口运营管理能力，主动应对日益提升的客户需求，提高自身竞争力。而且，各大港口要从过去传统业务向贸易加工保税综合物流服务转型，与之相对应的信息化服务能力要求也将水涨船高。

对此，香港的信息化、智能化、最优化的国际现代港口的经验，值得中国各大港口借鉴。近年来，香港面对中国内地、周边国家和地区的港口的竞争，若只是盲目地扩建港口或配套措施，只会陷入重复投资和恶性竞争，对香港既有的优势甚为不利。

面对四方八方的竞争，香港的港口首先采取先进的信息化系统，除了推出香港首个为航运业提供一站式电子商贸平台的网站外，还推行数码贸易运输网络系统（DTTN），利用现代物流技术和电子信息管理技术，为产品创造空间和时间价值，减少积压资金，降低配送和仓储成本，把供应链管理、电子商贸、及时供货和零库存等概念联系在一起。

　　此外，香港的港口也新建有新兴的仓储管理系统、零售管理系统及全球追踪系统，加强对资金流和信息流的管理，使整个供应链更有效率。

　　由于香港港口的信息化系统，不但为各大进出口贸易公司、各大工厂、海外买家和采购商，提供统一的电子贸易平台，也为这些公司提供非常便利的条件，这会增加投资者对香港的信心，也进一步增强香港在亚洲各大港口的竞争力，有助于香港对外贸易的蓬勃发展。

　　中国内地的港口可以考虑香港的港口发展经验，加快建设智能化、信息化，实现供应链上的各种资源、各个参与者的无缝对接，以此提高效率，增强竞争力。在多元化方面，中国沿海地区的港口，要突破以推高装卸数量来竞争的思维，要转向航运金融、海事资产管理等高增值服务发展。

港口多元化发展方面，新加坡和伦敦的港口可以提供经验

伦敦的港口业务当年受到欧洲其他国家新崛起的港口冲击，难以保持优势。面对这种冲击，伦敦的港口转变了过去那种港口运营商的单一角色，开始多元化发展，开始提供航运金融、保险、经纪、咨询等综合服务，这种多元化发展反而促使伦敦港口发展成为连接国际航运中心和国际金融中心的重要纽带，在航运金融服务方面占有绝对的优势。

新加坡的港口同样是多元化发展，他们改变了以码头装卸为主的劳动密集型业务，转向发展知识密集型业务，致力于吸引外国航运公司、海事公司到新加坡设立区域总部，以及培养更多的具有国际视野而且能灵活变通的航运人才，这些动作巩固了新加坡港口作为区域航运中心的地位。

因此，中国沿海的港口未来要多元化发展，一方面可以和"一带一路"沿线国家的建立联盟关系，加强各大港口之间的合作，另一方面也可考虑提供航运金融、保险、经纪、咨询等方面综合服务，以提升港口的整体竞争力。

在个性化方面，荷兰的鹿特丹港则提供了很好的借鉴经验。为了跟上全球贸易、国际运输和物流的发展趋势，鹿特丹港务管理局不断进行功能调整，包括改变港务管理的传统职能、扩大港口区域、允许设立船公司集装箱码头、促进发展腹地交通、促进物流专

业人才的教育和培训、发展信息港、促进更为有效的海关服务、推销配送园区概念等。

尤其重要的是，鹿特丹港还为客户提供个性化运输、非常规的私人定制的方式来吸引客户，满足客户的要求，与此同时，还给客户提供中转服务与多式联运相结合等服务。

由于鹿特丹港可提供个性化的服务，促使鹿特丹港物流中心的配送园区成为许多企业在欧洲建立的配送中心的所在地，也是小企业把货物交付一个能保证实时送货到全欧洲的放心的物流服务商。这也是鹿特丹港吞吐的货物80%的发货地或目的地不在荷兰，大量的货物在港口通过一流的内陆运输网进行中转，在48小时内可运抵欧盟各成员国的目的地的原因。中国沿线的港口要加强竞争，在个性化服务方面也要相应地增强。

世界上有多大的船舶，中国的港口就有多大的码头。在"一带一路"倡议背景之下，中国的港口要进一步向信息化、多元化和个性化方向发展，打造成为"海、陆、空、铁"多式联运枢纽门户，通达"一带一路"沿线国家。只有这样，我们的港口未来才有可能逐步晋升为新的国际航运中心、转运中心，并在以注重研究、创新及信息服务，具备足够而有效的文化与人才资本的第三代国际航运中心争夺战中先拨头筹。

四

国际经济博弈篇

美联储加息有利于"一带一路"

> 中国政府若在亚洲地区的金融市场动荡之际,与亚洲各国政府共同打造"亚洲金融机构交流合作平台",通过中国庞大的外汇储备和雄厚的实力,消除亚洲金融体系的脆弱和不稳定性,这不但有助于稳定亚洲金融市场,也有助于亚洲国家增强对人民币的信心,还可提高与中国在经济领域合作的兴趣,对"一带一路"倡议的顺利实施将大有裨益。

美国联邦储备局2015年内加息几成定局,笔者预料美联储2015年加息可能只会加0.25%,未来美联储的加息幅度也会非常温和、缓慢。将基准利率由当前的0至0.25%,缓慢加至2%左右,可能需要数年时间,以避免过分影响经济复苏和就业市场。

虽然美联储加息幅度不大,但对环球金融市场,尤其对新兴国家的金融市场还是冲击不小,严重的话甚至可能引发一场区域性金融危机。

这是因为首先美国加息将支持美元汇价，美元强势将会加速资金从新兴市场大举流走。2015年以来，由于预期美国加息，资金从新兴市场大幅撤退，导致MSCI新兴市场股市指数今年累挫10.9%。

与此同时，美元强势还会导致新兴国家的货币贬值，以及加重新兴国家的外债负担。以新兴国家巴西、印度尼西亚、马来西亚、泰国和韩国为例，巴西雷亚尔2015年以来兑美元累挫约20%，而印度尼西亚盾、马来西亚币、泰铢及韩元过去兑美元累计下跌27.3%、19.8%、12.3%及8.6%。其中，印度尼西亚币兑美元曾触及近20年来低价，马来西亚币也曾触及1999年来低价，巴西雷亚尔兑美元则仅略高于其12年来低价。

一般而言，一国货币贬值有利于其出口。但是由于主要进口市场的欧美国家经济增长乏力、外需疲弱，因此虽然新兴国家货币贬值，也无助于提高其出口竞争力，反而会导致这些国家的进口价格上涨，以及加重外债偿还的负担。国际评级机构标准普尔已警告，未来可能会将巴西信贷评级由现时"BBB-"的最低级别降至垃圾级别，信贷前景由"稳定"降至"负面"。

2015年底若美联储加息，加速新兴市场资金流走，资金将进一步流回美国，不但多国货币会遭受重创，也将导致这些国家股市动荡，经济受挫，很容易引发区域范围内的金融危机。

依照以上的推论，美联储加息其实也将给中国带来危机。然而，所谓有危才有机，笔者认为美联储加息或许能够间接推动"一带一路"倡议的实施。

美联储加息、资金的撤走将给新兴国家尤其是亚洲国家的货币体系、金融体系带来冲击，届时人民币若能够发挥"定海神针"的作用维持汇率的稳定，以及中国政府在亚洲地区的金融市场动荡之际，与亚洲各国政府共同打造"亚洲金融机构交流合作平台"，通过中国庞大的外汇储备和雄厚的实力，消除亚洲金融体系的脆弱和不稳定性，这不但有助于稳定亚洲金融市场，也有助于亚洲国家增强对人民币的信心，以及提高与中国在经济领域合作的兴趣。

如果出现这种局面，"一带一路"倡议的实施将迎来更大助力。中国借此可进一步推动人民币国际化，探索建立以人民币为主导的区域性货币体系，让亚洲地区对中国的依赖性提高。另外对中国企业而言，美联储加息之时，也正是中国企业"走出去"投资、收购新兴国家企业的大好时机。因此，从政府到企业都应当仔细研究美联储加息对全球经济的影响，以便及早把握机遇。

俄罗斯为何对"一带一路"疑虑重重

"一带一路"上的不少中亚国家，是原苏联的加盟国家，一直被俄罗斯视为其战略、资源和商贸等的战略要地。中国推出"一带一路"倡议，加强与中亚国家在能源、经贸和基建等领域合作，令俄罗斯警觉，担心中国势力越来越迫近俄罗斯的后花园，中国未来会取代俄罗斯成为中亚地区的主导国家。

中国国家主席习近平2015年中曾展开对俄罗斯访问的行程，俄罗斯舆论当时大幅增加了对"一带一路"的探讨和报道。不过，这并非意味着俄罗斯各界对"一带一路"兴趣的增加，反而，俄罗斯各界对"一带一路"表达了不少疑虑。主要疑虑包括如下几个方面。

其一，担心俄罗斯境内华人越来越多。

一百多年前的1896年，中国特使李鸿章代表清政府参加沙皇尼古拉二世加冕大典，3月底从上海出发，途经南海、印度洋、黑海后再换乘火车，5月中旬才达到莫斯科。随着"一带一路"的建设，如果北京至莫斯科的欧亚高速运输走廊建成，中国民众驾车数日便可直达莫斯科，这对中国游客、商人而言是大大便利了。

但对俄罗斯民众而言，在感到便利的同时，面对越来越强大的中国，内心深处也存有一些不安全感。俄罗斯地广人稀的远东地区，在620万平方千米的面积上只有约七百万人口，但中国东北三省的人口则超过了1.2亿，与俄罗斯接壤边界长达超过3200千米，大量中国民众过去多年曾在俄罗斯远东地区进行过贸易、工作和居住，俄罗斯曾估计，目前在远东地区的中国人口或超过100万人。

不少俄罗斯舆论担心随着高速运输走廊建设，尤其是中国至俄罗斯的高铁开通了之后，会有越来越多的中国民众前往俄罗斯居住，再加上俄罗斯人口老化及出生率低已带来人口危机，长此以往，居俄华人将会成为俄罗斯最大的少数族裔。在这种人口的巨大差异和漫长的边界下，不少俄罗斯舆论对中国"一带一路"这种增进两国经贸合作、增加人员往来以及互联互通的政策既欢迎又担心。

其二，俄罗斯担心中亚国家向中国越来越靠拢。

"一带一路"上的不少中亚国家，是原苏联的加盟国家，一直被俄罗斯视为其战略、资源和商贸等的战略要地。中国推出"一带一路"倡议，加强与中亚国家在能源、经贸和基建等领域合作，令俄罗斯警觉，担心中国势力越来越迫近俄罗斯的后花园，中国未来会取代俄罗斯成为中亚地区的主导国家。

尤其是现在中国已成为中亚国家最大的经济伙伴，加上乌克兰危机和克里米亚事件爆发之后，中亚不少国家担心事件会在本国身上重演，因此加深了对俄罗斯的提防和顾虑，无论从地缘政治角度或经贸互动规模而言，中亚国家未来都比较容易倒向中国，俄罗斯忧虑难免会和中国在中亚地区构成利益正面冲突。

其三，俄罗斯要成为创造者，而非仅是参与者。

俄罗斯曾提出建立以俄罗斯为中心的欧亚联盟（Eurasia Union），谋求在原苏联地区建立经贸联盟，发展和壮大经贸往来，以此促进经济发展，摆脱长期依靠出口石油、天然气的发展经济的困局。同时，雄心勃勃的俄罗斯，甚至希望通过欧亚经济联盟发展统一货币计划，既可与欧元区相抗衡，又可作为重建新的欧亚帝国的首步。

但由于中国提倡的"一带一路"战略，和俄罗斯的欧亚联盟构思有一些重叠之处，遭受欧美制裁、经济陷入困境的俄罗斯，忧虑深度参与"一带一路"，会影响甚至拖延其重新构建"欧亚帝国"的计划，但如减少对"一带一路"的参与，又可能累及俄罗斯经济，这令俄罗斯左右为难。

随着中国"一带一路"倡议的推进，俄罗斯的疑虑可能越来越深。中国要消除疑虑，增加俄罗斯对"一带一路"政策的兴趣，或可考虑在以下三个方面做出努力。

一是在"一带一路"倡议背景之下，无论是中国民众还是企业"走出去"前往俄罗斯，都应以行动告诉俄罗斯政府、民众，中国人过来投资、经商，就是在商言商，合法经营，追求盈利，而非有其他政治目的，以此逐步消除俄罗斯中国"一带一路"倡议的误解。

二是要分配好利益。在俄罗斯视为后花园的中亚国家，中国在寻求自身利益的同时，尽量照顾好俄罗斯的利益，避免引发俄罗斯的反弹甚至是对抗，以维护当前中俄两国的友好关系。

三是要避开分歧，求同存异。在推进"一带一路"过程中，涉及存在分歧的地方，中国应尽量避免提及，避免刺激俄罗斯的神经。中国政府还可考虑主动提出欧亚经济联盟建设和"一带一路"的建设相对接的方案，争取中俄两国实现共赢。

在中国"一带一路"倡议提出之后，沿线国家中不仅俄罗斯出现疑惑，其他国家或多或少也有类似顾虑。中国如果能与俄罗斯协调好双方的利益，减少俄罗斯的疑虑，使之愿意与中国共同推进"一带一路"倡议，那么也很可能打造出中国与其他沿线国家合作的范例，成为推动"一带一路"顺利实施的关键的助力。

当然，笔者在这里也必须强调，虽然俄罗斯对"一带一路"倡议有疑虑，但当前全世界最需要中国的国家名单当中，有俄罗斯的名字在里面。因此，在"一带一路"中，俄罗斯未来会寻求平衡点，更多地开展与中国的合作。

这是为什么呢？这是由于乌克兰事件之后，美国与欧盟对俄罗斯祭出冷战后最严厉的经济制裁之剑，涉及金融、能源和国防等产业。俄罗斯日前对此反制裁，向欧美国家祭出农产品进口禁令，并开始转向中国购买水果和蔬菜。

不过，俄罗斯未来对中国的需求，何止水果、蔬菜。在这里可以告诉读者，俄罗斯在经济、金融和外交等方面，将比以往任何时候都更需要中国。

一方面，欧美国家对俄罗斯实施经济制裁，加上俄罗斯国内消费不振问题恶化，其经济每况愈下，更糟糕的是，随着欧美实施愈趋严厉的经济制裁，俄罗斯预料很难长期熬过这些制裁，恐怕会进入经济衰退，这将迫使俄罗斯寻求与非欧美地区的经济体合作，作为世界第二大经济体的中国，成了俄罗斯急需拥抱的对象。

尤其是在融资方面，俄罗斯以前严重依赖西方国家的融资平台，如今欧美在俄罗斯融资平台上实施制裁措施，旨在限缩俄罗斯金融机构与企业在国际资本市场的融资管道，进一步削弱疲软的俄罗斯经济，打击投资人对俄国经济在今年下半复苏的信心。

对此，俄罗斯只能通过向中国大量借贷，以及增加向中国的出口，以支撑企业的生存、发展，来拉动俄罗斯的经济发展。

另一方面，俄罗斯资金需要中国当避难所。受欧美经济制裁影响，部分俄罗斯大型企业为避免遭美元融资市场列为"拒绝往来户"，转而将旗下持有现金调配至香港的银行，转持港元。

例如，由俄罗斯首富Alisher Usmanov持有的第二大流动通信商MegaFon表示，已将40%现金储备兑换成港元，存放在几家中资银行。全球最大镍生产商俄罗斯Norilsk Nickel公司也透露，近日忙于将现金储备兑换成港元。此外，俄一家大型天然气和石油公司早前表示，该公司面向亚洲的业务将提供人民币结算，减少对美元的依赖。

读者可能会很好奇，俄罗斯企业为何现在青睐人民币和港元呢？这其实不难理解，香港是中国的特别行政区，在外交上会与中国中央政府保持一致，不会加入欧美对俄罗斯制裁的行列。同时，港元与美元挂钩，事实上能有效替代美元，而且香港没有实施资金管制政策，俄罗斯企业可以随时将港元转换成其他货币，加上港元汇率稳定，没有波幅，香港金管局会在强方兑换保证（7.75）接盘，俄罗斯企业增持港元不会越买越贵，可以减少购买港元时带来的汇率损失。

因此，过去俄罗斯企业及富人们钟情伦敦，但现在欧美都不安全了，未来更多俄罗斯资金将涌往香港，把中国作为避难所。

此外，俄罗斯在国际外交上也需要中国，避免被国际孤立。乌克兰事件之后，东欧国家也开始对俄罗斯深具戒心，尤其是原苏联加盟共和国波罗的海的爱沙尼亚、拉脱维亚和立陶宛三国，看到波兰、捷克和匈牙利融入欧洲后日渐繁荣后，更是与俄罗斯渐行渐远，转而向欧美靠拢。在国际社会中越来越孤立的情况下，向崛起的中国靠拢成为了俄罗斯的选择。

对于中国而言，俄罗斯与欧美陷入对立关系，或带给中国新的战略发展机遇，尤其是能够为"一带一路"倡议的推进营造有利的空间。但是，面对俄罗斯主动投怀送抱，中国政府不应该是无原则的支持，而是应要求俄罗斯付出某些利益作为交换，例如可要求俄罗斯对中国与周边国家的领土纠纷提供实际支持。在外贸方面，过去中国企业进军俄罗斯市场频频碰壁，中国也可通过此次机会，要求俄罗斯向中国企业开放更大的市场等。只有如此，才符合中国的最大利益。

"一带一路"下还需金砖国合作机制吗

> 与金砖国家合作相比，与"一带一路"沿线国家未来合作的挑战只会越来越大，越来越复杂。可以说，只有处理好了与金砖国家的关系，中国才有能力处理好与"一带一路"沿线国家的关系。

2015年至今，昔日曾作为全球经济亮点的金砖国家，除中国、印度外，其余三国（俄罗斯、巴西、南非）经济疲态毕呈，甚至在衰退边缘徘徊，影响力也大不如从前。加上中国政府推出的"一带一路"倡议，与金砖国家合作机制有不少重叠之处，因此也难怪有人认为，金砖国合作机制已到了光荣"退休"的时刻了。

这个合作机制，自从2001年被前美国高盛公司首席经济师奥尼尔提出之后，誉也国际舆论、毁也国际舆论。

2008年环球金融海啸爆发之后是金砖国经济蓬勃发展时期，国际舆论期望过高，夸大了金砖国对全球经济的贡献，甚至认为金砖国将取代美国，成为带引世界走向兴盛的"救世主"。如今除了中国、印度外，随着其他三个金砖成员国经济每况愈下，国际舆论又落井下石，过于贬低、看轻金砖国家对全球经济的作用，甚至有国际媒体更宣称以金砖国家为首的新兴经济体未来要引发新一轮全球衰退。

国际舆论前后态度如此截然相反，有墙倒众人推之嫌。事实上，对中国而言，只有在推出"一带一路"战略过程中加强与金砖国家的合作，才更符合中国的利益。

其一，合作机制可起示范作用。

金砖五国过去的互动，总体而言是在争端中有合作，在合作中有竞争，在竞争中有协调。

这是因为，虽然五国都无意愿，也不会甘心受到其他成员国的控制，但金砖五个成员国之间又拥有共同的利益、共同的需求，加上随着金砖银行于今年底正式运行之后，五国为了平衡与延伸各自在国际的影响力，达至双赢，相信未来会逐渐建立一套广泛的协调机制，通过这套机制去寻求五国之间最大的公约数，达到和平发展、同舟共济、共同富裕的目的。

而且，虽然金砖五国家除中国、印度外，其他三个成员国这一两年经济放缓的情况比较明显，但中国向来都不是"嫌贫爱富"的国家，而是愿意"雪中送炭"的国家，因此，笔者认为，如果其他三个成员国经济继续衰退，而又向中国提出帮忙的请求，笔者相信中国应会以一贯的态度，向成员国施出力所能及的援手。

与此同时，在中国中央政府提出"一带一路"倡议之后，中国政府将会通过"三个重点"（重点国家、重点领域、重点项目），与"一带一路"沿线国家展开更加紧密的合作。中国未来如能与其他金砖国家之间的合作领域更广、合作项目更多，那么在"一带一路"的框架之下，中国就可以通过这套合作机制的合作经验和示范作用，与"一带一路"沿线国家加强各领域的互动与合作。

其二，可起抱团效应。

美国主导的3T协议（TPP、TISA、TTIP），都明显地将金砖五国排除在外。那么，金砖五国只有"抱团"，通过金砖国家的合作框架和即将运行的金砖银行，以此加强相互之间的合作和借力，并借此告诉美国，金砖五国合作框架虽非与美国争夺国际经济秩序的主导地位，但金砖国家作为新参与者，完全有能力"另起炉灶"，美国无须逼人太甚。

而且，金砖五国虽然各自要面对各自的困难，但毕竟都已晋升全球最有影响力的大国，未来若能继续加强经贸、金融和等领域的合作，以及加强国民的人文素质，培养思想多元化，增强国际责任，进一步进行民主建设，未来很有可能成为引领世界经济、社会和文明的一股主导力量。

当然，未来中国与其他金砖国家在合作当中，相信并不能够一帆风顺，尤其是随着部分金砖国家的经济放缓，以及这些国家基于一些政治、利益的考虑，中国与金砖国家未来合作最大的挑战之一，是可能会出现"金砖国家请客，中国埋单"的情况。

俄罗斯近期邀请希腊加入金砖银行，这对俄罗斯而言，希腊向俄罗斯靠拢有助俄罗斯从黑海长驱直入地中海，进一步推动其"欧亚联盟"的对外扩展计划。希腊加入金砖银行后容易获得包括中国在内的金砖国家更多的资金支持，对已经陷入"赤贫"的希腊而言是场及时雨。

但这种局面未来有可能演变为"俄罗斯请客吃饭，中国帮忙出钱埋单"的情况。因为在欧美制裁以及低油价的冲击下，俄罗斯经济实力每况愈下，要大笔援助希腊显得有心无力，而且寄希望于俄罗斯提供大笔资金给希腊，以便希腊还钱给制裁俄罗斯的欧盟国家，这对俄罗斯而言暂时可能性不大。

因此，俄罗斯邀请希腊进入金砖银行，估计很有可能是希望借助中国庞大的资金援助希腊，慷中国之慨以达成俄罗斯的目的，中国是否愿意拿出真金白银成俄罗斯之"美"呢？

如果愿意成俄罗斯之美，估计其他三个金砖国未来也会有类似的举措，中国容易当冤大头。如果中国不愿意，那又会影响互相之间的信任与合作。

因此，我认为，对中国政府而言，"金砖国家请客，中国是否该埋单"这是个两难的选择，也是决定金砖五国之间未来如何进行合作一个巨大的挑战。然而与金砖国家合作相比，与"一带一路"沿线国家未来合作的挑战只会越来越大，越来越复杂。可以说，只有处理好了与金砖国家的关系，中国才有能力处理好与"一带一路"沿线国家的关系。中国政府如何接招，让我们拭目以待。

中国也要重返亚洲吗

"一带一路"背景下，中国经济要发展，中国企业要"走出去"，也需要依靠亚洲。由于欧美国家的限制以及与西方的文化差异，中国不少企业在"走出去"过程中连连碰壁，往往难以真正深入欧美国家。

自中国推出"一带一路"倡议之后，国际社会相继出现了两个新名词：一是"亚太时间"；二是"中国世纪"。这两个新名词不但均在捧抬中国，同时也隐含改变以欧美为中心的传统之意。

不少国际舆论乃至诺贝尔经济学奖得主斯蒂格利茨，甚至纷纷预言"中国世纪"从2015年开始，中国将在世界发光发热，21世纪会成为中国人的时代。

虽然言者谆谆，但听者或许该以藐藐待之。我认为，面对国际舆论的捧杀，中国与其走向世界，不如重返亚洲；与其放眼全球，不如胸怀周边。我也相信，中国政府未来数年的外交、经济重心也正在转向亚洲，这更符合中国的国家利益。

首先，美国今年将更加大力紧逼中国，中国须更加固守大本营。亚洲如今虽然成为全球经济最活跃、最富活力的地区，但同时也是安全形势十分复杂、矛盾集聚之地。

俄罗斯现已展开了"重返亚洲"之旅。俄罗斯不但已调整了对欧洲的油气"输出依赖"（Export Dependency），转向亚洲各国输出油气，更把俄罗斯的外汇储备与国外资产开始逐渐转往亚洲。俄罗斯的战略转向，无疑是将在亚洲这池已被吹皱的春水上，再掀波澜，暂难判断对亚洲、对中国是祸是福，中国需要在今年更加审慎对待。

更为重要的是，美国民主党在中期选举大败之后，参众两院已由共和党控制，内政受制的奥巴马，只有转而加力外交领域，才有可能为自己和民主党赚取政治资本，甚至是以此来"失之东隅，收之桑榆"，所以在外交方面，除了中东和俄罗斯外，美国很大可能会在未来二三年加大对中国的紧逼。

虽然美国总统奥巴马在六七年的任期之内，任命过两任国务卿、三任总统国家安全事务助理、三任中情局局长和四任国防部长，这种团队频繁调整，看起来像是美国内部对未来安全战略方向不断争论的缩影，但在"重返亚洲"这点上，不但是奥巴马的既定国策，更早已是美国跨党派的战略共识。

美国今年很有可能会加大"重返亚洲"的力度，在军事、经济与政治上深层次筹建对中国的战略包围圈和进一步挑动邻国参与反华，希望通过先发制人以遏制中国。

面对新一轮挑战，中国应该如何选择？如果中国依然像过去几年那样，选择跳出亚洲，在全球范围内和美国扩宽战线，通过拉拢欧洲大国、传统新兴国家等的盟友，以"围魏救赵"的方式来化解美国对中国的咄咄逼人，不但效果可能不再明显，也显得有些"远水救不了近火"，更对中国的人力、物力提出了更高的要求和造成巨量损耗。

美国的"重返亚洲"是进攻性的，优势在于军事和遏制，强调的是时效性，力图速战速决，尽力、加快遏制中国的崛起。

在这种情况下，加上"一带一路"背景下，我相信中国政府在原有的积极向外拓展合作版图基础上，很有可能未来将调整在全球范围内与美国展开的反制策略，选择"重返亚洲"，采取防御性的策略，以逸待劳，固守亚洲这个大本营。此举除了可避免中美双方在全球范围的冲突升级外，还可将美国困在亚洲，令美国顾此失彼，以此应对美国今年对中国的步步紧逼。

中国这种"重返亚洲"的外交转变，在2014年年底的中央外事工作会议上，确立将同周边国家的外交关系的地位提升至首位，超过了同发达国家的关系地位，已可见一斑。

其次，中国自身的发展也更需要重返亚洲，深耕亚洲。虽然国际货币基金（IMF）的最新报告中指出，中国在亚洲经济占有主导权，中国的GDP增速每放缓1个百分点，将拖累亚洲整体GDP增速0.3个百分点，但是中国的发展实际上也离不开亚洲其他国家。

在经贸方面，当前中国仅与东亚、东盟国家的贸易总额，已高达1.4万亿美元，超过了中国与美国、欧盟贸易额的总和，在中国的十大贸易伙伴中，有5个是在亚洲。中国与亚洲的经贸合作，在过去、现在以及未来都是推动中国经济向前发展的其中一股主要力量。

加上，中国经济要发展，中国企业要"走出去"，也需要依靠亚洲。由于欧美国家的限制以及与西方的文化差异，中国不少企业在"走出去"过程中碰壁连连，往往难以真正深入欧美国家。

纵使强大如阿里巴巴的淘宝、腾讯QQ及微信，业务拓展到欧美，也依然以当地华人用户为主。在这种情况下，中国企业要真正"走出去"，发展中国家尤其是广受儒家文化影响的亚洲，成为中国企业开拓市场的必争之地。

而且，在中国政府"一带一路"倡议下，中国将从制造业大国、贸易大国，转向成为投资大国。这种改变，意味着过去更多的是中国经济融入环球经济体系，如今更多的是向周边国家输出中国的产品和资本，此举不但可以消化中国过剩的产能，也能加快人民币走向周边化、区域化最后迈向国际化的进程。

无论是过去的英国，还是现在的美国，在成为世界第一大强国之前，都经历了制造业大国、贸易大国、投资大国和金融大国这四个阶段。这对于中国而言，无论是"一带一路"，还是创建亚太自贸区、亚投行等战略部署，都是要营造周边经济区。中国未来的重心只有回归亚洲、依靠亚洲、深耕亚洲，才能在投资大国、金融大国的路上稳步前进，为发展成为世界第一大强国奠定坚实的基础。

简而言之，在今年乃至未来几年，中国重返亚洲、深耕亚洲很大可能将成为趋势乃至国策。这对普通读者尤其是投资者而言，除非你想证明自己比国家领导人的治国理论更"高明"，否则都应深入解读、认识中国政府"重返亚洲"的转向，捕捉哪些行业受惠或受压，以此早作部署、抢占先机。

韩国对中国态度转好是大势所趋

> 作为一个亚洲国家，尤其是作为中国的邻居，韩国未来的发展需要中国。由于欧美国家经济复苏乏力，需求放缓，使得亚洲国家将推动经济增长的源泉转向本国的内需以及区域需求。中国政府推出"一带一路"倡议之后，更使得跨境贸易与投资能深化亚洲的区域经济整合，推动亚洲经济向前发展。

继2014年11月宣布达成自贸协议（FTA）的谈判之后，中韩两国在当年12月还启动了人民币与韩元直接交易机制。中韩两国经贸、金融合作愈发紧密，不少欧美机构对此不是祝福，反而是在唱衰。

例如美国著名投行摩根士丹利曾发布研究报告，认为中韩FTA，不但对于占中韩贸易量最大的电子业根本没多大益处，而且由于中国让步不多，关税只减2%~6%，对即将陷入水深火热的韩国石化业帮助有限，即使是对韩国相关企业的上市公司股价影响也只在正负2%之间，效应还难以持久。所谓正负2%，这说白了就是没有影响。

我将这些唱衰理解为嫉妒和无知。中韩无论是FTA，还是两国货币直接交易，均是利在国家、赢在民生，更对国与国之间、区域与区域之间的深层次合作有示范作用。

对韩国而言，韩国由过去的"恐华"，到如今的"哈华"，是大势所趋，也是顺势而为。

所谓大势所趋，那就是由于欧美国家经济复苏乏力，需求放缓，使得亚洲国家将推动经济增长的源泉转向本国的内需以及区域需求，中国政府推出"一带一路"倡议之后，更使得跨境贸易与投资能深化亚洲的区域经济整合。

具体来说，由于中国已是韩国最大的贸易伙伴，中国占韩国出口比重为29%，不但超过美国的12.7%，也超过欧盟的13.5%，如今韩国与中国签署FTA，不但可进一步提升韩国对中国的出口量，更能为韩国打开中国13亿人口的庞大市场，对该国的经济增长也大有裨益。

所谓顺势而为，那就是如今的经济竞争，已经不再局限于某一个地区的竞争，而是全球范围内的竞争。通过区域性的经济深层次合作，进行强强联合以提升自身实力，已经成为当今的趋势。

虽然美国与韩国此前也曾签订FTA，但更多的是美国希望通过韩国让美国经济的影响力间接及于朝鲜和中国，这对韩国而言是鸡肋，但韩国与中国签署的FTA，更可能会是"鸡腿"。

因此，虽然过去韩国曾"去汉字化"，除了韩文就是英文，但如今韩国街头却是"汉字热"，韩国上至总统，下至平民无不掀起一波中文热。韩国的"经济式的汉字复兴"，也显示出韩国希望通过FTA这个平台，打开韩国大门，增加与中国的交流和合作，以吸引中国的资金前来。韩国更可以通过与中国的强强联合，利用中国的资源提升竞争力，扩张在世界上的经济舞台，可谓是一举两得。

中韩两国签署FTA以及人民币与韩元直接交易，对中国则有三大意义。

一是中国可借中韩的FTA，冲破美国的TPP（跨太平洋伙伴关系协议）篱笆。美国推出TPP，以及排斥中国力主的FTAAP（亚太自贸区），实际是推行孤立中国的经贸战略。

但随着中韩签署FTA以及中国与澳大利亚FTA结束实质谈判，由于韩国、澳大利亚是美国主导的TPP下的重要成员国家，中国与该两国的FTA，无疑有助于中国"走出去"，冲破美国设下隔离中国的贸易围墙，也有助于推进亚太地区经贸的互联互通，逐步为FTAAP清扫障碍。

二是有助推动人民币国际化。韩国之所以允许人民币与韩元直接交易，是希望继中国香港、新加坡和伦敦等地之后，成为另一个人民币离岸中心，在人民币推进国际化过程中分得一杯羹。中国也乐得顺水推舟，通过人民币与韩元直接交易，向亚洲乃至世界各国展示出"只要你想设人民币离岸中心，我就会批准"的决心，只有越来越多的国家持有人民币、使用人民币，人民币国际化进程才能加快。

三是为中国与周边国家的合作起到示范作用。上文提到，中韩的FTA，之所以能让韩国由过去"恐华"变成现在的"哈华"，那就是韩国在与中国经济利益的相互加持下，寻找到了与中国互信的突破口。

如今，虽然美国有意与越南、菲律宾和缅甸等国共同包围中国，但美国日益干瘪的援助钱袋，已经满足不了这些国家经济发展的需求。中美在亚太地区的强弱长消之下，加上中韩的深层次经贸合作，尤其是在货币直接交易的示范作用下，有助于增强中国与其他周边国家在经贸、货币方面的合作，以及增加双方的政治互信，为未来大家更深层次的合作奠定基础。

总而言之，中韩FTA是中韩两国迄今涉及贸易额最大、综合水平最高、涉及领域最广、内容最为丰富的自贸区，这将促使无论是中国对韩国，还是中国与周边国家的互信、合作，都达到前所未有的深度和广度。

中国是通过APEC布局亚洲经济吗

在"一带一路"背景下，中国政府可凭借APEC平台，营造出共建面向未来的亚太伙伴关系的气氛，突显出中国在亚洲经贸整合的角色和表现出能为亚洲未来的发展规划的强大能力。

2014年年底的亚太经济合作会议（APEC）年会暨领袖峰会的主题是"共建面向未来的亚太伙伴关系"，外界当前把目光主要聚集在中国政府力推"亚太自由贸易区"这个焦点上。

不过，不少人却忽略了作为APEC主办国的中国政府，不但安排了"东道主伙伴对话会议"，更成立了"亚洲基础设施投资银行"（亚投行），此举并非仅仅是为了搭建APEC经济体与非经济体间的合作桥梁，加强互联互通的基础建设，更是显示出中国政府希望凭借APEC平台推动亚洲区域经济整合，以及呈现出中国正逐步推进"一带一路"的目标。

除了美国对此忧心忡忡，公然反对亚投行的创建外，日本等国也受限于美国白宫的立场，暂时没有表态支持亚投行。

虽然美国解释他们反对的理由是表示担忧中国是否有能力确保该银行的治理水平达到国际标准，但我相信美国政府在说谎。美国反对的真正的原因，是深知谁控制了资金，谁就控制了一国的发展，即使亚投行在创建时，表示将秉持融资归融资，其他的问题尊重各国的"不干涉内政"的原则，但美国内心依然是害怕中国凭借亚投行，以金融力量影响亚洲经济乃至世界经济的发展。

但是，无论美国如何反对，都是无法阻挡亚投行的运作，其中主要有两个理由。

其一，美国主导的国际金融体系已不安全、不好使。

所谓不安全，那就是2008年爆发环球金融海啸后，新兴国家惊讶地发现，美国推出三轮量化宽松（QE）政策，不但大印钞票以邻为壑，令美元不再是资产保值的绝对保证，还输出金融危机令世界各国跟着受罪。越来越多国家已经开始质疑美国构建的国际金融体系安全性。

所谓不好使，就是在国际社会中，不少国家因为无法取得资金支持而使经济陷于恶性循环。这些国家无论是向世界银行、国际货币基金组织还是其他多边开发银行借贷，都需面对欧美国家尤其是美国提出的一些与借贷业务关联度不高、甚至是不切实际的要求，很多国家对于欧美这种苛刻的要求早已厌恶，求变之心早已经有之。

在由美国主导的国际金融体系已经不安全和不再好使的现况

下，亚投行的出现带来了改变旧况的希望。何况，即使美国再霸道，世界各国向谁借钱相信也不必一定要听美国的话才借吧？

其二，中国和亚洲的发展已经成了命运共同体。

国际货币基金（IMF）估计，中国对亚洲经济增长的贡献率已超过50%，中国经济成长每增加1个百分点，就将拉动亚洲经济成长0.3个百分点。可以说，亚洲的发展离不开中国，中国的发展也离不开亚洲。在亚投行创建前，中国早已在亚洲各国广泛参与基础设施建设，例如在尼泊尔中部、西部建设新水电站等。

亚投行创建之后，更将扮演"资金库"的角色，提供庞大资金以加快亚洲区域基础设施的互联互通网络建设，这不但可以促进亚洲区域共同发展，获得亚洲众多国家的支持，而且还可解决中国庞大外汇储备和产能过剩的问题。中国届时通过亚投行向外贷款，将庞大的外汇储备用于建设外国的基础设施，可以推动国内过剩的基础设施建材出口，可谓一举多得。

由于上述的因素的存在，尽管美国大力反对，但无论是世界银行还是亚洲开发银行的总裁，均对亚投行的创建表示欢迎，也愿意联合提供融资给亚投行。

由此也显示出，在"一带一路"背景下，中国政府可凭借APEC平台，营造出共建面向未来的亚太伙伴关系的气氛，突显出中国在亚洲经贸整合的角色和表现出能为亚洲未来的发展规划的强大能力。

印度会取代中国成为世界工厂吗

越来越多的外国资金转往印度投资，不少中国企业也对印度兴趣渐浓，尤其是在中国政府推出"一带一路"倡议之后，不少中国中小企业家更是跃跃欲试，准备"走出去"前往印度。但是，居于众多因素影响，中国企业投资印度的资本市场可以考虑，但如果是前往印度投资办厂则一定要谨慎。

不少人提起印度，或许第一个想起的是瑜伽、咖喱和玩蛇人，但是从2015年初开始，如果翻开国际主流媒体的版面，会发现对印度的报道，清一色是夸赞其经济成就。过去在中国的高速经济增长下不那么起眼的印度，去年以来不仅成为国际资本市场新宠，不少分析人士甚至预测它的经济增长速度明年就将超越中国。

国际市场和舆论今天对印度的赞誉，犹如20世纪八九十年代对中国的赞誉，不同的只是把"China"换成"India"。

必须承认的是，受益于经济改革、油价下滑和年轻劳动力的红利，印度未来的发展前景确实让外界充满期待，慢慢地成为除中国外的另一投资热土。即使在笔者所身处的香港，过去数十年来，对印度也一直不乏赞美之辞。

例如，印度人的团结是有目共睹的，甚至已经成为印度的核心优势。在香港的金融圈，由于印度人普遍数学好，英语读写佳，表达能力高，往往比中国人更能获得外资投行欧美老板、公司股东的青睐，从而晋升为中高管理层。这群印度人出任中高管理职务之后，将"任人唯亲"作为优良传统，非常喜欢提拔印度同学、同乡，一人"得道"，同乡同学一起"升天"，所以，香港的金融圈中国人虽然多，但不少中高职务却掌握在印度人手中。

又例如，香港人普遍认为印度人很精明，甚至比犹太人更厉害。香港的老一辈商家和媒体，在谈及和印度做生意时，总会告诫要小心和印度人打交道，有个段子也经常被他们挂在嘴边：

一个香港人要给一个印度人1000元，当他交给印度人10张面值100的钞票时，印度人会当面数钱，并在数钱时只会把钞票从第一张掀揭到第九张，永远不会把底下的第十张钞票掀过来。这个动作虽然小，但这正是印度人的精明之处，万一香港人一时大意给多了一张钞票给印度人，印度人如果把底下的第十张钞票掀过来了，香港人就能看到有第十一张钞票，会向印度人要回来。

发生这种事情多赚100元的概率如此之小，竟然也被印度人计算在内，可见其精明。而且不少香港人也认为，印度人即使表面上非常热情，但心里想什么，连统治了印度几个世纪的英国人都弄不明白，香港人也就更不明白了。有经验的香港商人都不会也不敢轻易玩小手段糊弄印度人。

笔者之所以讲上面的段子，那是因为不但越来越多外国资金转往印度投资，不少中国企业也对印度兴趣渐浓，尤其是在中国政府推出"一带一路"倡议之后，笔者身边一些中小企业家朋友更是跃跃欲试，准备"走出去"前往印度。

笔者对此则是做出劝告，认为投资印度的资本市场可以考虑，但如果是前往印度投资办厂则一定要谨慎。

其一，印度总理莫迪的改革能否持续成疑。莫迪2014年5月上台之后，推出税制改革、吸引外资、出售国有资产股份、开启私有化进程等一系列改革，在不到一年的时间里，改革虽让国际市场充满期待，但结构改革、基础设施建设差、识字率低和社会文化等的转变，均难以一朝一夕能够完成。更严重的是，印度多党制喧嚣的政治民主，将长期限制印度经济的增长空间。新加坡前总理李光耀曾这样评价印度：

"印度其实不是一个国家。是凑巧沿着英国人兴建的铁路沿线的三十二个民族之集合体。英国人来了，征服他们，并建立统治权，把一百七十五个王侯之邦纳入统治，由一千个英国人和数万名培养成思维、行动都像英国人的印度官员来治理……印度宪政制度有其局限性，印度的政治制度不允许其以高速度前进……不论政治领导人想做些什么，必须在中央通过非常复杂的系统，然后到了各省，还要经历更加复杂的系统……印度人必须以他们的宪法、他们的种族结合、他们的投票模式及其产生的联合政府所决定的步调来动作，其决策过程相当困难。"（"LeeKuan Yew: The Grand Master's Insights on China, the United States, and the World"，2013）

因此，除非印度新领导人能够消除政府决策拖沓阻碍经济竞争力的壁垒，否则等蜜月期一过，后遗症并发，"莫迪经济学"或将遭遇日本"安倍经济学"现今的尴尬处境，难以为印度经济释放更多新的活力。

其二，印度的投资氛围、投资环境并不太佳。印度不少官员仍有"商人赚钱致富是通过罪恶手段"的价值观，不少官员认为从商者只是投机者，并未以社会福祉为己念，他们这种价值观对印度本地商人如此，对外国投资者更如此。

此外，国际媒体如英国《金融时报》，曾大幅报道印度政府在信守协议方面的负面记录，"印度屡次在其他人认为其已经同意的贸易事项上反悔，它还在气候承诺上反悔……"，《金融时报》将印度这种不遵守协议的行为称之为"无赖"。

而且，经济发展和环保之间的平衡对今日的印度也是大问题。韩国企业浦项制铁公司2005年拟在印度一个森林地区投资120亿美元兴建一家钢铁厂，作为当时印度最大的一项外国直接投资项目，虽然已经获得了政府的环境许可，但在印度民众的极力反对之下，该项目一搁置就接近10年。

其三，中国企业家尤其要注意的是，印度对中国有疑心。除了历史因素之外，尽管中国政府提出的"一带一路"倡议，主题是和平、发展、互联互通和包容，但"一带一路"的范围涵盖了整个印度次大陆，印度众多舆论、民意甚至是部分官方人士，都将"一带一路"倡议视为中国要"围堵"印度，遏制印度发展的手段。

在印度的这种心态之下，中国政府除了要通过官方渠道、国际舆论、智库和学术机构等平台充分向印度阐述"一带一路"的内涵，以消除印度的疑虑外，准备前往印度投资的中国企业，尤其是中小企业，也要审慎考虑印度对中国的疑心会带来多大的投资风险。

当前，有不少国际学界观点认为，印度经济随中国之后崛起，国际资金先后在两个时期进入中、印两国投资，既不会分薄了国际资金投资两国的量与质，也不会削弱了市场的集中力，在中国要撤离的企业，可以选择去印度，印度将取代中国成为另一"世界工厂"，这无论是对中国、对印度甚至是对全球都是好事。

笔者对这种观点大部分同意，但有部分保留。原因是目前的情况下，印度适合大多数国际企业前往投资，但暂时未必适合中国企业前往投资。除非中印地缘纷争得到解决，印度能够抛弃疑虑，放下"龙象之争"的心结，以及印度进行深度改革令投资环境变佳，中国企业的"走进去"、印度的"引进来"才能为中印两国带来真正的机遇和红利。

印度也想有"中国梦"

印度也将推出印度版的"一带一路"。印度总理莫迪曾公开指出，印度目前需要以出口制造、公共基础和都市建设为导向的新经济增长模式。印度如果转型成功，将能成为新的世界工厂，延续"中国梦"。

印度总理莫迪2015年访华，引发了民众对印度的极大关注。笔者在上文以《印度会取代中国成为世界工厂吗》为题，分析了在"一带一路"战略背景下，中国企业"走出去"印度投资需要思考的问题。此文发表之后反响不小，在此，笔者再向读者们进一步介绍印度的情况。

其一，印度富人比大家想象的要多。

不少中国民众认为，人口众多的印度十分贫穷，种姓问题又非常混乱，加上国内经常断电，制造能力不强，和中国是不可相提并论的。这是事实，但笔者必须指出，这也只是民众通过媒体对印度的一种片面了解。

根据CNN Money的报道显示，印度的亿万富翁规模越来越大，印度目前有97位资产超过10亿美元的亿万富翁，已经超越了俄罗斯与英国，成为继美国、中国之后，拥有的超级富翁人数世界第三多的国家。

实际上，不仅印度国内的亿万富翁众多，在外国的印度籍亿万富翁也为数不少。例如在香港，就有不少隐形印度籍亿万富翁，中国内地游客前往香港旅游购物的热点地区，不少都是这些富翁的产业，在香港的印度籍夏利里拉家族更是香港的望族。

其二，国际投资者更看好未来印度的投资市场。

中国股市2015年曾一度非常火热，但更多的是国人在自娱自乐，属于"塘水滚塘鱼"。印度股市则不同，吸引了非常多的外资进入。例如瑞银发表研究报告，由于印度拥有经济增长加速、落实改革成效等利好因素，印度股市仍然是瑞银在亚洲最看好的股票市场。

又如，高盛在其经济展望报告中指出，由于印度的经常账户赤字、财政赤字已收窄，通胀也有所下降，印度的经济形势要比以前好，印度经济即将进入新一轮的增长周期。这些国际大投行对印度的赞美之辞已经是完全不加修饰，中国的股民如有兴趣和能够承受投资风险，不妨也可考虑投资印度的股市。

其三，俄罗斯、美国纷纷向印度示好。

在今年由俄罗斯负责主办的上海合作组织峰会上，俄罗斯将很可能做出吸收印度成为新成员的决定。俄罗斯之所以要拉拢印度，主要是当前俄罗斯因乌克兰事件在欧美的制裁之下，和印度加强关系有助于打破国际的孤立地位。

曾经竭力打消印度发展核武野心的美国，总统奥巴马不但出席了印度的阅兵仪式，看着印度装载核弹头的武器从眼前经过，更在太阳能发电、经贸领域上与印度加强了合作，希望以此对冲日益崛起的中国。

其四，印度的发展模式与中国相反，但也能取得成功。

中国的发展模式是先发展劳动力密集型产业，但印度却是直接发展知识密集型产业，成为"世界的办公室""西方延长出来的实验室"，以高附加价值取代大量劳工，其后才进行农业现代化。

相对中国由上往下的政府主导市场发展模式，虽然印度联合政府决策过程缓慢，仅是官方语言就有22种，但印度的发展模式是由下往上改变市场，其自由且富创造力的企业家在国内发迹之后，进而占领世界市场，成为印度经济发展的推动力。政府失败之处将逐渐由市场取代以解决之，印度人的企业精神和旺盛的意志力，足以弥补许多政治缺失。

其五，印度也有"中国梦"。

目前中国的经济规模是印度的5倍。中国过去依靠投资与出口的经济增长模式，印度已经开始模仿，希望在"中国梦"之后，还有相同的"印度梦"。未来，印度有可能也将推出印度版的"一带一路"。印度总理莫迪曾公开指出，印度目前需要以出口制造、公共基础和都市建设为导向的新经济增长模式。印度如果转型成功，将能成为新的世界工厂延续"中国梦"。

简而言之，随着"一带一路"政策的推行，准备"走出去"的中国企业、民众除了通过媒体了解"一带一路"沿线国家之外，还需要通过更多的途径去深入了解、认识这些国家，只有如此才能为未来的投资部署提供参考。

"老赖"希腊为何成欧盟心病

> 我们可以从希腊债务这场危机当中，间接地了解到更多西方国家的游戏规则。只有深入了解西方国家的方方面面，才能为在"一带一路"倡议背景下进行海外投资决策时提供参考。

2015年希腊再次爆发债务危机，让笔者有了边看电视边吃花生看戏的机会。这场戏很热闹，颠覆了咱们中国人有关"小敌之坚，大敌之擒也"的认知，"老赖"希腊固执坚守，非但没有变成强大欧盟的"俘虏"，反而成了欧盟欲除难除的一块心病。

希腊"老赖"早有前科，美银美林、《经济学人》的统计都显示，过去200年，希腊违约超过5次，事实上有近100年的时间都和财政危机纠缠不清，国际债权人明知希腊"赖"以成习惯，还继续贷款给希腊，这让我等看戏者感到疑惑。债权人到底是"很傻很天真"，还是在"下一盘很大很大的棋"，这只有当事人自己才知道了。

而且，债主们自己也好不到哪里去，说白了就是虚伪。对希腊紧逼的德国，在两次世界大战期间从未还清过债务，此后曾获得60%的债务宽免。欧盟委员会主席容克一直批评希腊税制有问题才走到如斯田地，但容克的祖国卢森堡却是一个世界闻名的避税天堂。因此，这是一场在道德层面谁也不能指责谁的大戏，也是一群老赖们表演互相扯皮的闹剧，大家的"吃相"都很难看。

加上由于沉重的国债及推行财政紧缩政策，已令希腊陷入财政越紧缩、经济越差、民众生活越苦的死亡螺旋，尤其是更将希腊那群长期病患者、靠退休金过活的老人、依赖微薄福利的穷人推了绝路，影响的是千千万万人的生命与生计。

所以，这个债务危机发展下去，笔者估计希腊很有可能会"慢退"，离开欧元区。不过在这当中，希腊负责"慢"，欧元区负责"退"。

笔者同时也认为，希腊可能出现的违约，对A股市场、港股市场的冲击是短暂的。一是市场早已对希腊可能违约有心理准备；二是大部分的银行都已为希腊相关债务撇账，对股市长期的实质影响有限；三是当前中国对希腊的投资规模仅为13亿美元，不会受到太大冲击。

这场热闹到现在，除了可以继续吃花生看戏之外，笔者认为对大家至少有两点启示。

其一，不要对成立国际合作组织抱太多期望。成立国际合作组织不是越多越好，反而容易好心办坏事。不少国家加入国际合作组织，更多的是直奔利益，各谋其利，关心的并非整体的利益，一旦无利益可求或要求未能得到满足，难免会离心离德，更容易"大难临头各自飞"。

更糟糕的是，成立国际合作组织容易未获其利先受其害。我们从这场阴魂不散的希腊债务危机中看到，欧盟已成为全球问题最多的地区之一，不但政治虚耗给欧盟带来伤害，也为全球金融市场带来冲击。

其二，对外国政客手腕要有更深认识。中国人的理念惯来强调"君子以思患而豫防之"，但一些外国政客则反其道而行之，更喜欢"患至而后呼天，未必晚矣"。

外国政客这套哲学理念，究其原因主要是因选票和个人英雄主义使然。对于已当选的政客而言，下大力气付出代价把预防措施做得好，选民并不能全看到，只有危机出现后善后、解决问题，才能获得选民更多的掌声和支持率。

因此，我们可以从希腊债务这场危机当中，间接地了解到更多西方国家的游戏规则。只有深入了解西方国家的方方面面，才能为在"一带一路"倡议背景下进行海外投资决策时提供参考。

附　录

推动共建丝绸之路经济带和21世纪
海上丝绸之路的愿景与行动

　　2000多年前，亚欧大陆上勤劳勇敢的人民，探索出多条连接亚欧非几大文明的贸易和人文交流通路，后人将其统称为"丝绸之路"。千百年来，"和平合作、开放包容、互学互鉴、互利共赢"的丝绸之路精神薪火相传，推进了人类文明进步，是促进沿线各国繁荣发展的重要纽带，是东西方交流合作的象征，是世界各国共有的历史文化遗产。

　　进入21世纪，在以和平、发展、合作、共赢为主题的新时代，面对复苏乏力的全球经济形势，纷繁复杂的国际和地区局面，传承和弘扬丝绸之路精神更显重要和珍贵。

　　2013年9月和10月，中国国家主席习近平在出访中亚和东南亚国家期间，先后提出共建"丝绸之路经济带"和"21世纪海上丝绸之路"（以下简称"一带一路"）的重大倡议，得到国际社会高度关注。中国国务院总理李克强参加2013年中国－东盟博览会时强调，铺就面向东盟的海上丝绸之路，打造带动腹地发展的战略支点。加快"一带一路"建设，有利于促进沿线各国经济繁荣与区域经济合作，加强不同文明交流互鉴，促进世界和平发展，是一项造福世界各国人民的伟大事业。

"一带一路"建设是一项系统工程，要坚持共商、共建、共享原则，积极推进沿线国家发展战略的相互对接。为推进实施"一带一路"重大倡议，让古丝绸之路焕发新的生机活力，以新的形式使亚欧非各国联系更加紧密，互利合作迈向新的历史高度，中国政府特制定并发布《推动共建丝绸之路经济带和21世纪海上丝绸之路的愿景与行动》。

一、时代背景

当今世界正发生复杂深刻的变化，国际金融危机深层次影响继续显现，世界经济缓慢复苏、发展分化，国际投资贸易格局和多边投资贸易规则酝酿深刻调整，各国面临的发展问题依然严峻。共建"一带一路"顺应世界多极化、经济全球化、文化多样化、社会信息化的潮流，秉持开放的区域合作精神，致力于维护全球自由贸易体系和开放型世界经济。共建"一带一路"旨在促进经济要素有序自由流动、资源高效配置和市场深度融合，推动沿线各国实现经济政策协调，开展更大范围、更高水平、更深层次的区域合作，共同打造开放、包容、均衡、普惠的区域经济合作架构。共建"一带一路"符合国际社会的根本利益，彰显人类社会共同理想和美好追求，是国际合作以及全球治理新模式的积极探索，将为世界和平发展增添新的正能量。

共建"一带一路"致力于亚欧非大陆及附近海洋的互联互通，建立和加强沿线各国互联互通伙伴关系，构建全方位、多层次、复合型的互联互通网络，实现沿线各国多元、自主、平衡、可持续的发展。"一带一路"的互联互通项目将推动沿线各国发展战略的对接与耦合，发掘区域内市场的潜力，促进投资和消费，创造需求和就业，增进沿线各国人民的人文交流与文明互鉴，让各国人民相逢相知、互信互敬，共享和谐、安宁、富裕的生活。

当前，中国经济和世界经济高度关联。中国将一以贯之地坚持对外开放的基本国策，构建全方位开放新格局，深度融入世界经济体系。推进"一带一路"建设既是中国扩大和深化对外开放的需要，也是加强和亚欧非及世界各国互利合作的需要，中国愿意在力所能及的范围内承担更多责任义务，为人类和平发展做出更大的贡献。

二、共建原则

恪守联合国宪章的宗旨和原则。遵守和平共处五项原则，即尊重各国主权和领土完整、互不侵犯、互不干涉内政、和平共处、平等互利。

坚持开放合作。"一带一路"相关的国家基于但不限于古代丝绸之路的范围，各国和国际、地区组织均可参与，让共建成果惠及更广泛的区域。

坚持和谐包容。倡导文明宽容，尊重各国发展道路和模式的选择，加强不同文明之间的对话，求同存异、兼容并蓄、和平共处、共生共荣。

坚持市场运作。遵循市场规律和国际通行规则，充分发挥市场在资源配置中的决定性作用和各类企业的主体作用，同时发挥好政府的作用。

坚持互利共赢。兼顾各方利益和关切，寻求利益契合点和合作最大公约数，体现各方智慧和创意，各施所长，各尽所能，把各方优势和潜力充分发挥出来。

三、框架思路

"一带一路"是促进共同发展、实现共同繁荣的合作共赢之路，是增进理解信任、加强全方位交流的和平友谊之路。中国政府倡议，秉持和平合作、开放包容、互学互鉴、互利共赢的理念，全方位推进务实合作，打造政治互信、经济融合、文化包容的利益共同体、命运共同体和责任共同体。

　　"一带一路"贯穿亚欧非大陆，一头是活跃的东亚经济圈，一头是发达的欧洲经济圈，中间广大腹地国家经济发展潜力巨大。丝绸之路经济带重点畅通中国经中亚、俄罗斯至欧洲（波罗的海）；中国经中亚、西亚至波斯湾、地中海；中国至东南亚、南亚、印度洋。21世纪海上丝绸之路重点方向是从中国沿海港口过南海到印度洋，延伸至欧洲；从中国沿海港口过南海到南太平洋。

　　根据"一带一路"走向，陆上依托国际大通道，以沿线中心城市为支撑，以重点经贸产业园区为合作平台，共同打造新亚欧大陆桥、中蒙俄、中国—中亚—西亚、中国—中南半岛等国际经济合作走廊；海上以重点港口为节点，共同建设通畅安全高效的运输大通道。中巴、孟中印缅两个经济走廊与推进"一带一路"建设关联紧密，要进一步推动合作，取得更大进展。

　　"一带一路"建设是沿线各国开放合作的宏大经济愿景，需各国携手努力，朝着互利互惠、共同安全的目标相向而行。努力实现区域基础设施更加完善，安全高效的陆海空通道网络基本形成，互联互通达到新水平；投资贸易便利化水平进一步提升，高标准自由贸易区网络基本形成，经济联系更加紧密，政治互信更加深入；人文交流更加广泛深入，不同文明互鉴共荣，各国人民相知相交、和平友好。

四、合作重点

　　沿线各国资源禀赋各异，经济互补性较强，彼此合作潜力和空间很大。以政策沟通、设施联通、贸易畅通、资金融通、民心相通为主要内容，重点在以下方面加强合作。

政策沟通。加强政策沟通是"一带一路"建设的重要保障。加强政府间合作，积极构建多层次政府间宏观政策沟通交流机制，深化利益融合，促进政治互信，达成合作新共识。沿线各国可以就经济发展战略和对策进行充分交流对接，共同制定推进区域合作的规划和措施，协商解决合作中的问题，共同为务实合作及大型项目实施提供政策支持。

设施联通。基础设施互联互通是"一带一路"建设的优先领域。在尊重相关国家主权和安全关切的基础上，沿线国家宜加强基础设施建设规划、技术标准体系的对接，共同推进国际骨干通道建设，逐步形成连接亚洲各次区域以及亚欧非之间的基础设施网络。强化基础设施绿色低碳化建设和运营管理，在建设中充分考虑气候变化影响。

抓住交通基础设施的关键通道、关键节点和重点工程，优先打通缺失路段，畅通瓶颈路段，配套完善道路安全防护设施和交通管理设施设备，提升道路通达水平。推进建立统一的全程运输协调机制，促进国际通关、换装、多式联运有机衔接，逐步形成兼容规范的运输规则，实现国际运输便利化。推动口岸基础设施建设，畅通陆水联运通道，推进港口合作建设，增加海上航线和班次，加强海上物流信息化合作。拓展建立民航全面合作的平台和机制，加快提升航空基础设施水平。

　　加强能源基础设施互联互通合作，共同维护输油、输气管道等运输通道安全，推进跨境电力与输电通道建设，积极开展区域电网升级改造合作。

　　共同推进跨境光缆等通信干线网络建设，提高国际通信互联互通水平，畅通信息丝绸之路。加快推进双边跨境光缆等建设，规划建设洲际海底光缆项目，完善空中（卫星）信息通道，扩大信息交流与合作。

　　贸易畅通。投资贸易合作是"一带一路"建设的重点内容。宜着力研究解决投资贸易便利化问题，消除投资和贸易壁垒，构建区域内和各国良好的营商环境，积极同沿线国家和地区共同商建自由贸易区，激发释放合作潜力，做大做好合作"蛋糕"。

　　沿线国家宜加强信息互换、监管互认、执法互助的海关合作，以及检验检疫、认证认可、标准计量、统计信息等方面的双多边合作，推动世界贸易组织《贸易便利化协定》生效和实施。改善边境口岸通关设施条件，加快边境口岸"单一窗口"建设，降低通关成本，提升通关能力。加强供应链安全与便利化合作，推进跨境监管程序协调，推动检验检疫证书国际互联网核查，开展"经认证的经营者"（AEO）互认。降低非关税壁垒，共同提高技术性贸易措施透明度，提高贸易自由化便利化水平。

　　拓宽贸易领域，优化贸易结构，挖掘贸易新增长点，促进贸易平衡。创新贸易方式，发展跨境电子商务等新的商业业态。建立健全服务贸易促进体系，巩固和扩大传统贸易，大力发展现代服务贸易。把投资和贸易有机结合起来，以投资带动贸易发展。

加快投资便利化进程，消除投资壁垒。加强双边投资保护协定、避免双重征税协定磋商，保护投资者的合法权益。

拓展相互投资领域，开展农林牧渔业、农机及农产品生产加工等领域深度合作，积极推进海水养殖、远洋渔业、水产品加工、海水淡化、海洋生物制药、海洋工程技术、环保产业和海上旅游等领域合作。加大煤炭、油气、金属矿产等传统能源资源勘探开发合作，积极推动水电、核电、风电、太阳能等清洁、可再生能源合作，推进能源资源就地就近加工转化合作，形成能源资源合作上下游一体化产业链。加强能源资源深加工技术、装备与工程服务合作。

推动新兴产业合作，按照优势互补、互利共赢的原则，促进沿线国家加强在新一代信息技术、生物、新能源、新材料等新兴产业领域的深入合作，推动建立创业投资合作机制。

优化产业链分工布局，推动上下游产业链和关联产业协同发展，鼓励建立研发、生产和营销体系，提升区域产业配套能力和综合竞争力。扩大服务业相互开放，推动区域服务业加快发展。探索投资合作新模式，鼓励合作建设境外经贸合作区、跨境经济合作区等各类产业园区，促进产业集群发展。在投资贸易中突出生态文明理念，加强生态环境、生物多样性和应对气候变化合作，共建绿色丝绸之路。

中国欢迎各国企业来华投资。鼓励本国企业参与沿线国家基础设施建设和产业投资。促进企业按属地化原则经营管理，积极帮助当地发展经济、增加就业、改善民生，主动承担社会责任，严格保护生物多样性和生态环境。

资金融通。资金融通是"一带一路"建设的重要支撑。深化金融合作，推进亚洲货币稳定体系、投融资体系和信用体系建设。扩大沿线国家双边本币互换、结算的范围和规模。推动亚洲债券市场的开放和发展。共同推进亚洲基础设施投资银行、金砖国家开发银行筹建，有关各方就建立上海合作组织融资机构开展磋商。加快丝路基金组建运营。深化中国—东盟银行联合体、上合组织银行联合体务实合作，以银团贷款、银行授信等方式开展多边金融合作。支持沿线国家政府和信用等级较高的企业以及金融机构在中国境内发行人民币债券。符合条件的中国境内金融机构和企业可以在境外发行人民币债券和外币债券，鼓励在沿线国家使用所筹资金。

加强金融监管合作，推动签署双边监管合作谅解备忘录，逐步在区域内建立高效监管协调机制。完善风险应对和危机处置制度安排，构建区域性金融风险预警系统，形成应对跨境风险和危机处置的交流合作机制。加强征信管理部门、征信机构和评级机构之间的跨境交流与合作。充分发挥丝路基金以及各国主权基金作用，引导商业性股权投资基金和社会资金共同参与"一带一路"重点项目建设。

民心相通。民心相通是"一带一路"建设的社会根基。传承和弘扬丝绸之路友好合作精神，广泛开展文化交流、学术往来、人才交流合作、媒体合作、青年和妇女交往、志愿者服务等，为深化双多边合作奠定坚实的民意基础。

扩大相互间留学生规模，开展合作办学，中国每年向沿线国家提供1万个政府奖学金名额。沿线国家间互办文化年、艺术节、电影节、电视周和图书展等活动，合作开展广播影视剧精品创作及翻译，联合申请世界文化遗产，共同开展世界遗产的联合保护工作。深化沿线国家间人才交流合作。

加强旅游合作，扩大旅游规模，互办旅游推广周、宣传月等活动，联合打造具有丝绸之路特色的国际精品旅游线路和旅游产品，提高沿线各国游客签证便利化水平。推动21世纪海上丝绸之路邮轮旅游合作。积极开展体育交流活动，支持沿线国家申办重大国际体育赛事。

强化与周边国家在传染病疫情信息沟通、防治技术交流、专业人才培养等方面的合作，提高合作处理突发公共卫生事件的能力。为有关国家提供医疗援助和应急医疗救助，在妇幼健康、残疾人康复以及艾滋病、结核、疟疾等主要传染病领域开展务实合作，扩大在传统医药领域的合作。

加强科技合作，共建联合实验室（研究中心）、国际技术转移中心、海上合作中心，促进科技人员交流，合作开展重大科技攻关，共同提升科技创新能力。

整合现有资源，积极开拓和推进与沿线国家在青年就业、创业培训、职业技能开发、社会保障管理服务、公共行政管理等共同关心领域的务实合作。

充分发挥政党、议会交往的桥梁作用，加强沿线国家之间立法机构、主要党派和政治组织的友好往来。开展城市交流合作，欢迎沿线国家重要城市之间互结友好城市，以人文交流为重点，突出务实合作，形成更多鲜活的合作范例。欢迎沿线国家智库之间开展联合研究、合作举办论坛等。

加强沿线国家民间组织的交流合作，重点面向基层民众，广泛开展教育医疗、减贫开发、生物多样性和生态环保等各类公益慈善活动，促进沿线贫困地区生产生活条件改善。加强文化传媒的国际交流合作，积极利用网络平台，运用新媒体工具，塑造和谐友好的文化生态和舆论环境。

五、合作机制

当前，世界经济融合加速发展，区域合作方兴未艾。积极利用现有双多边合作机制，推动"一带一路"建设，促进区域合作蓬勃发展。

加强双边合作，开展多层次、多渠道沟通磋商，推动双边关系全面发展。推动签署合作备忘录或合作规划，建设一批双边合作示范。建立完善双边联合工作机制，研究推进"一带一路"建设的实施方案、行动路线图。充分发挥现有联委会、混委会、协委会、指导委员会、管理委员会等双边机制作用，协调推动合作项目实施。

强化多边合作机制作用，发挥上海合作组织（SCO）、中国—东盟"10+1"、亚太经合组织（APEC）、亚欧会议（ASEM）、亚洲合作对话（ACD）、亚信会议（CICA）、中阿合作论坛、中国—海合会战略对话、大湄公河次区域（GMS）经济合作、中亚区域经济合作（CAREC）等现有多边合作机制作用，相关国家加强沟通，让更多国家和地区参与"一带一路"建设。

继续发挥沿线各国区域、次区域相关国际论坛、展会以及博鳌亚洲论坛、中国—东盟博览会、中国—亚欧博览会、欧亚经济论坛、中国国际投资贸易洽谈会，以及中国—南亚博览会、中国—阿拉伯博览会、中国西部国际博览会、中国—俄罗斯博览会、前海合作论坛等平台的建设性作用。支持沿线国家地方、民间挖掘"一带一路"历史文化遗产，联合举办专项投资、贸易、文化交流活动，办好丝绸之路（敦煌）国际文化博览会、丝绸之路国际电影节和图书展。倡议建立"一带一路"国际高峰论坛。

六、中国各地方开放态势

推进"一带一路"建设，中国将充分发挥国内各地区比较优势，实行更加积极主动的开放战略，加强东中西互动合作，全面提升开放型经济水平。

西北、东北地区。发挥新疆独特的区位优势和向西开放重要窗口作用，深化与中亚、南亚、西亚等国家交流合作，形成丝绸之路经济带上重要的交通枢纽、商贸物流和文化科教中心，打造丝绸之路经济带核心区。发挥陕西、甘肃综合经济文化和宁夏、青海民族人文优势，打造西安内陆型改革开放新高地，加快兰州、西宁开发开放，推进宁夏内陆开放型经济试验区建设，形成面向中亚、南亚、西亚国家的通道、商贸物流枢纽、重要产业和人文交流基地。发挥内蒙古联通俄蒙的区位优势，完善黑龙江对俄铁路通道和区域铁路网，以及黑龙江、吉林、辽宁与俄远东地区陆海联运合作，推进构建北京—莫斯科欧亚高速运输走廊，建设向北开放的重要窗口。

西南地区。发挥广西与东盟国家陆海相邻的独特优势，加快北部湾经济区和珠江—西江经济带开放发展，构建面向东盟区域的国际通道，打造西南、中南地区开放发展新的战略支点，形成21世纪海上丝绸之路与丝绸之路经济带有机衔接的重要门户。发挥云南区位优势，推进与周边国家的国际运输通道建设，打造大湄公河次区域经济合作新高地，建设成为面向南亚、东南亚的辐射中心。推进西藏与尼泊尔等国家边境贸易和旅游文化合作。

沿海和港澳台地区。利用长三角、珠三角、海峡西岸、环渤海等经济区开放程度高、经济实力强、辐射带动作用大的优势，加快推进中国（上海）自由贸易试验区建设，支持福建建设21世纪海上丝绸之路核心区。充分发挥深圳前海、广州南沙、珠海横琴、福建平潭等开放合作区作用，深化与港澳台合作，打造粤港澳大湾区。推进浙江海洋经济发展示范区、福建海峡蓝色经济试验区和舟山群岛新区建设，加大海南国际旅游岛开发开放力度。加强上海、天津、宁波—舟山、广州、深圳、湛江、汕头、青岛、烟台、大连、福州、厦门、泉州、海口、三亚等沿海城市港口建设，强化上海、广州等国际枢纽机场功能。以扩大开放倒逼深层次改革，创新开放型经济体制机制，加大科技创新力度，形成参与和引领国际合作竞争新优势，成为"一带一路"特别是21世纪海上丝绸之路建设的排头兵和主力军。发挥海外侨胞以及香港、澳门特别行政区独特优势作用，积极参与和助力"一带一路"建设。为台湾地区参与"一带一路"建设做出妥善安排。

内陆地区。利用内陆纵深广阔、人力资源丰富、产业基础较好优势，依托长江中游城市群、成渝城市群、中原城市群、呼包鄂榆城市群、哈长城市群等重点区域，推动区域互动合作和产业集聚发展，打造重庆西部开发开放重要支撑和成都、郑州、武汉、长沙、南昌、合肥等内陆开放型经济高地。加快推动长江中上游地区和俄罗斯伏尔加河沿岸联邦区的合作。建立中欧通道铁路运输、口岸通关协调机制，打造"中欧班列"品牌，建设沟通境内外、连接东中西的运输通道。支持郑州、西安等内陆城市建设航空港、国际陆港，加强内陆口岸与沿海、沿边口岸通关合作，开展跨境贸易电子商务服务试点。优化海关特殊监管区域布局，创新加工贸易模式，深化与沿线国家的产业合作。

七、中国积极行动

一年多来，中国政府积极推动"一带一路"建设，加强与沿线国家的沟通磋商，推动与沿线国家的务实合作，实施了一系列政策措施，努力收获早期成果。

高层引领推动。习近平主席、李克强总理等国家领导人先后出访20多个国家，出席加强互联互通伙伴关系对话会、中阿合作论坛第六届部长级会议，就双边关系和地区发展问题，多次与有关国家元首和政府首脑进行会晤，深入阐释"一带一路"的深刻内涵和积极意义，就共建"一带一路"达成广泛共识。

签署合作框架。与部分国家签署了共建"一带一路"合作备忘录，与一些毗邻国家签署了地区合作和边境合作的备忘录以及经贸合作中长期发展规划。研究编制与一些毗邻国家的地区合作规划纲要。

推动项目建设。加强与沿线有关国家的沟通磋商，在基础设施互联互通、产业投资、资源开发、经贸合作、金融合作、人文交流、生态保护、海上合作等领域，推进了一批条件成熟的重点合作项目。

完善政策措施。中国政府统筹国内各种资源，强化政策支持。推动亚洲基础设施投资银行筹建，发起设立丝路基金，强化中国–欧亚经济合作基金投资功能。推动银行卡清算机构开展跨境清算业务和支付机构开展跨境支付业务。积极推进投资贸易便利化，推进区域通关一体化改革。

发挥平台作用。各地成功举办了一系列以"一带一路"为主题的国际峰会、论坛、研讨会、博览会，对增进理解、凝聚共识、深化合作发挥了重要作用。

八、共创美好未来

共建"一带一路"是中国的倡议，也是中国与沿线国家的共同愿望。站在新的起点上，中国愿与沿线国家一道，以共建"一带一路"为契机，平等协商，兼顾各方利益，反映各方诉求，携手推动更大范围、更高水平、更深层次的大开放、大交流、大融合。"一带一路"建设是开放的、包容的，欢迎世界各国和国际、地区组织积极参与。

共建"一带一路"的途径是以目标协调、政策沟通为主，不刻意追求一致性，可高度灵活，富有弹性，是多元开放的合作进程。中国愿与沿线国家一道，不断充实完善"一带一路"的合作内容和方式，共同制定时间表、路线图，积极对接沿线国家发展和区域合作规划。

中国愿与沿线国家一道，在既有双多边和区域次区域合作机制框架下，通过合作研究、论坛展会、人员培训、交流访问等多种形式，促进沿线国家对共建"一带一路"内涵、目标、任务等方面的进一步理解和认同。

中国愿与沿线国家一道，稳步推进示范项目建设，共同确定一批能够照顾双多边利益的项目，对各方认可、条件成熟的项目抓紧启动实施，争取早日开花结果。

"一带一路"是一条互尊互信之路，一条合作共赢之路，一条文明互鉴之路。只要沿线各国和衷共济、相向而行，就一定能够谱写建设丝绸之路经济带和21世纪海上丝绸之路的新篇章，让沿线各国人民共享"一带一路"共建成果。

国家发展改革委、外交部、商务部

2015年3月28日

图书在版编目(CIP)数据

"一带一路"经济学/ 梁海明 著 . —成都:西南财经大学出版社,2016.2
(2016.8 重印)
ISBN 978 - 7 - 5504 - 1336 - 8

Ⅰ. ①—··· Ⅱ. ①梁··· Ⅲ. ①区域经济合作—国际合作—研究—中国
Ⅳ. ①F125.5

中国版本图书馆 CIP 数据核字(2015)第 284556 号

"一带一路"经济学

梁海明 著

图书策划:亨通堂文化
责任编辑:张明星
责任校对:李筱 杨婧颖
特约编辑:孙明新
封面设计:李尘工作室
责任印制:封俊川

出版发行	西南财经大学出版社(四川省成都市光华村街 55 号)
网 址	http://www.bookcj.com
电子邮件	bookcj@foxmail.com
邮政编码	610074
电 话	028 - 87353785 87352368
照 排	四川胜翔数码印务设计有限公司
印 刷	郫县犀浦印刷厂
成品尺寸	165mm × 230mm
印 张	14.75
字 数	135 千字
版 次	2016 年 2 月第 1 版
印 次	2016 年 8 月第 2 次印刷
书 号	ISBN 978 - 7 - 5504 - 1336 - 8
定 价	38.00 元